指标背离用法
MACD背离技术
实战技法
图解版

郑　葭◎编著

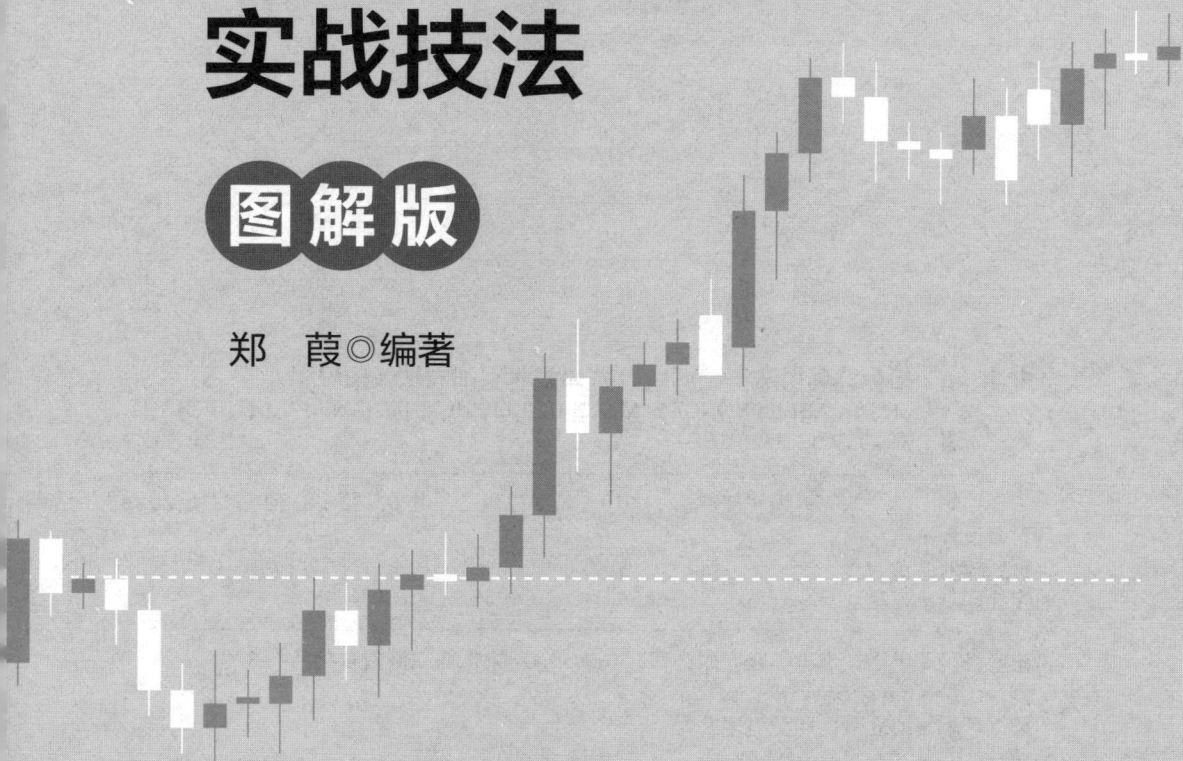

中国铁道出版社有限公司
CHINA RAILWAY PUBLISHING HOUSE CO., LTD.

图书在版编目（CIP）数据

指标背离用法：MACD背离技术实战技法：图解版 / 郑葭编著 . -- 北京：中国铁道出版社有限公司，2024. 12.
ISBN 978-7-113-31677-8

Ⅰ . F830.91-64

中国国家版本馆 CIP 数据核字第 202463RQ96 号

书　　名：指标背离用法——MACD 背离技术实战技法（图解版）
　　　　　ZHIBIAO BEILI YONGFA：MACD BEILI JISHU SHIZHAN JIFA（TUJIE BAN）
作　　者：郑　葭

责任编辑：杨　旭　　编辑部电话：（010）51873274　　电子邮箱：823401342@qq.com
封面设计：宿　萌
责任校对：苗　丹
责任印制：赵星辰

出版发行：中国铁道出版社有限公司（100054，北京市西城区右安门西街 8 号）
网　　址：https://www.tdpress.com
印　　刷：河北燕山印务有限公司
版　　次：2024 年 12 月第 1 版　　2024 年 12 月第 1 次印刷
开　　本：710 mm×1 000 mm　1/16　印张：11.5　字数：170 千
书　　号：ISBN 978-7-113-31677-8
定　　价：69.00 元

股市中的分析技术多种多样，除了 K 线本身以外，大量的技术指标也是投资者需要重点观察和研判的对象。其中，被誉为"指标之王"的平滑异同移动平均线，即 MACD 指标，受到广泛推崇。

MACD 指标之所以被抬到这个高度，主要是因为其结构简单，包含的信息量大，预示信号相对来说更为准确。尤其是指标线与股价之间的背离形态，更是寻找行情转折点的绝佳"利器"。

MACD 指标主要由 MACD 柱状线、DIF、DEA 和零轴构成，其中柱状线的伸缩与 DIF 和 DEA 之间的距离有关，红绿状态则与 DIF 和 DEA 之间的位置有关。因此，MACD 指标自身的各项构成要素之间就可能产生许多背离形态。

除此之外，MACD 指标还会与股价形成背离。最典型的就是股价高点上移，MACD 指标线高点下移的顶背离，以及股价低点下移，MACD 指标线低点上移的底背离。上述这两种背离形态是该指标最具价值的形态之一，投资者有必要牢固掌握。

本书深入解析了 MACD 指标自身的背离形态、与股价的背离形态及与其他技术指标同步形成的背离共振现象，还对 MACD 指标的背离进行了详尽的阐述和清晰的讲解，旨在帮助投资者有效提高操作的成功率。

全书共五章，结构如下：

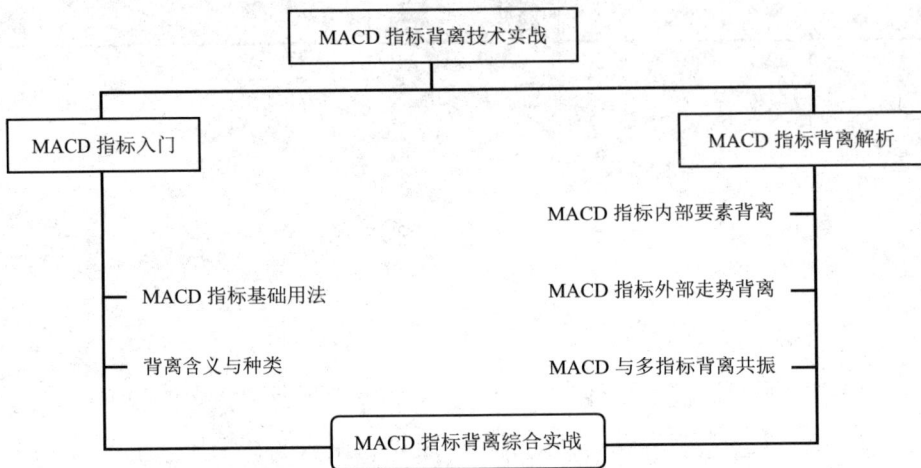

```
                    ┌─────────────────────────┐
                    │  MACD 指标背离技术实战   │
                    └─────────────────────────┘
        ┌───────────────────┴───────────────────────┐
┌─────────────────┐                         ┌─────────────────┐
│  MACD 指标入门   │                         │  MACD 指标背离解析 │
└─────────────────┘                         └─────────────────┘

                              MACD 指标内部要素背离

        MACD 指标基础用法           MACD 指标外部走势背离

        背离含义与种类             MACD 与多指标背离共振

                    ┌─────────────────────────┐
                    │  MACD 指标背离综合实战   │
                    └─────────────────────────┘
```

　　本书内容由浅入深、循序渐进，在讲解理论知识的同时融入了大量的典型实例，基于真实的行情走势进行细致分析，让读者感受各种技法在实际操盘中的具体应用。

　　最后，希望所有读者通过对本书中知识的学习不断提升自己的炒股技能，收获更多的投资收益。但任何投资都有风险，也希望广大投资者在入市和操作过程中谨慎从事，规避风险。

郑　葭

2024 年 7 月

目 录

第 3 章　MACD 指标外部走势背离

第4章　MACD与多指标背离共振

第 5 章　MACD 指标背离综合实战

第1章

MACD基础用法与背离解析

MACD指标在股市中的应用极为广泛，可用于寻找趋势拐点、解析买卖点等操作。然而，要充分利用MACD指标，需要进行深入学习，其中的背离技术更是要求投资者把握精髓，以便在实战中降低失误率，实现真正的获利。

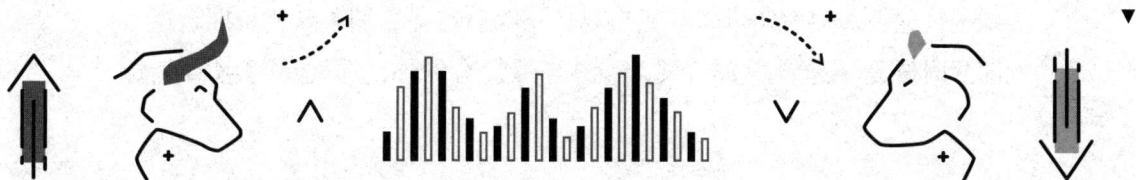

1.1 MACD 指标基本结构

MACD 指标全称为指数平滑异同移动平均线，其名称中的"移动平均"和"平滑"意味着 MACD 指标既具有平均线的特征，又能够在一定程度上缓和平均线的迟滞性，使得指标更加灵敏、有效。

要实现这种缓和，指标中就会增加一些复杂的计算及更多的元素，以供投资者更仔细地分析。下面就来看一下 MACD 指标中有哪些平均线所不具备的元素和优势。

1.1.1 MACD 指标原理与构成

MACD 指标主要由 MACD 柱状线、DIF、DEA 和零轴构成，看似比较简单，但每一个构成元素都有其不可替代的作用，指标的具体形态如图 1-1 所示。

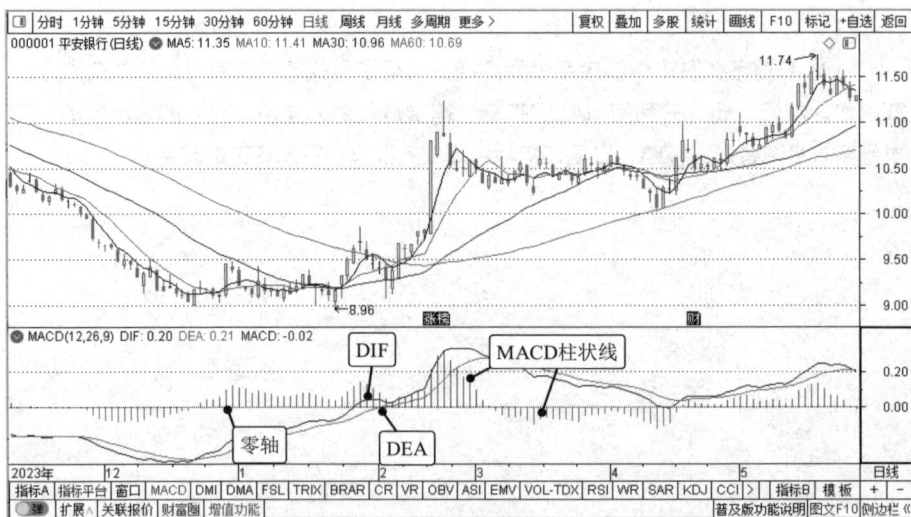

图 1-1　MACD 指标基本构成

从图 1-1 中可以看到，零轴就是 MACD 指标中的多空分界线。当股价处于明显下跌状态或是持续走弱时，MACD 的两条指标线就会下滑甚至跌落到零轴之下。这就叫进入空头市场，意味着市场短期杀跌或长期看跌，大部分时候是不适合投资者买入的。当然也有例外，那就是 MACD 指标的背离情况，具体会在后续章节的实战演练中详细解析，这里不再赘述。

反之，当股价拐头向上或是长期处于积极上升状态时，**MACD** 指标线又会跟随上行，突破零轴。这叫进入多头市场，说明市场开始积极看好，大部分时候是适合投资者介入做多的。

这是 **MACD** 指标最基础的用法之一，投资者可以根据指标线与零轴之间的位置关系来判断当前行情的强弱与否，甚至还可以直接通过指标线对零轴的穿越形态来确定买卖点。

下面来看具体实例。

实例分析 神州高铁（000008）MACD 零轴指示买卖点

图 1-2 为神州高铁 2023 年 9 月到 2024 年 5 月的 K 线图。

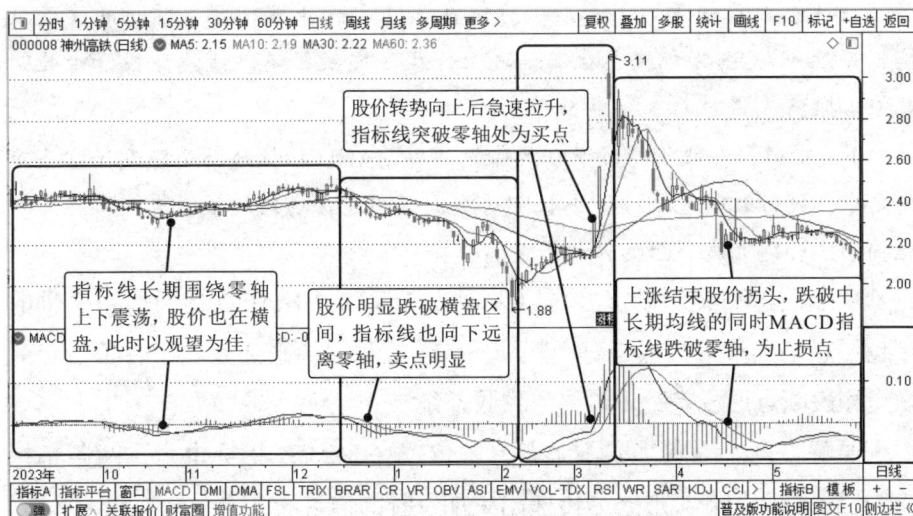

图 1-2　神州高铁 2023 年 9 月到 2024 年 5 月的 K 线图

观察神州高铁的这段走势，单凭指标线与零轴之间的位置关系及与 K 线走势之间的配合程度，投资者就可以大致分析出买卖点的位置。

首先是 2023 年 9 月到 12 月中旬股价横盘期间的情况，这一时期内，股价长期围绕 2.40 元价位线横向震荡，其间多次上下波动都没有产生过明显的突破或跌破。再看 MACD 指标可以发现，指标线这时也在零轴附近小幅波动，与 K 线走势是比较契合的。因此，在此期间，买卖方向不明确，投资者还是以观望为佳。

在 12 月中下旬，股价形成了一次比较明显的下跌，在多次小幅试探后彻底跌破了前期的横盘区间。与此同时，MACD 指标也跌破并深入零轴以下，这与前面几个月横盘的走势产生了明显的区别。那么这时投资者就要及时卖出手中持股，没有持股的就更不要买进。

一个多月后，股价跌到 1.88 元的位置后开始反转向上，多日收阳后上升到了 2.20 元价位线附近。这时 MACD 指标线虽有上移，但依旧未能突破到多头市场之中，谨慎型投资者尚需等待。

3 月初，K 线以一根大阳线强势向上突破到了两条中长期均线之上，并带动 MACD 指标成功突破零轴。这是明显的买入信号，投资者可迅速介入做多。

在连续数日的急速上涨后，股价在 3.11 元处止涨回落，转折的速度较快，导致 MACD 指标线也在零轴之上产生了尖锐折角，谨慎型投资者此时就应当撤离。

4 月中旬，在股价持续下跌的带动下，MACD 指标线还是跌到了空头市场之中，股价此时也跌破了中长期均线，说明还在场内的投资者应当在此处止损了，否则可能会面临更加严重的损失。

从上面这一案例投资者可以发现，仅仅依靠 MACD 指标线对零轴的穿越形态来确定买卖点是有一些滞后的。无论是买进还是卖出，都会与最低点和最高点形成差距，最终导致收益缩减。

要解决这一问题其实不难，方案依旧在 MACD 指标本身，两条指标线的位置关系和交叉形态会传递出更加及时的信号。

下面就来看一下这两条指标线的具体计算原理和基础用法。

1.1.2　指标线的位置关系

通过上一节的学习投资者可以明白，MACD 指标的两条指标线是会跟随股价的变动而产生变化的，但具体是如何变化的呢？这就涉及指标的计算原理。

MACD 指标线的计算是建立在指数移动平均值（EMA）的基础之上。

其中，DIF 是 EMA12（12 日指数移动平均值）和 EMA26（26 日指数移动平均值）之间的离差值；DEA 则是 DIF 的 9 日加权移动平均线。

具体计算公式如下所示：

EMA12=（当日收盘价－前日 EMA）×2÷（12+1）+ 前日 EMA

EMA26=（当日收盘价－前日 EMA）×2÷（26+1）+ 前日 EMA

DIF=EMA12-EMA26

DEA=（当日 DIF-前日 DEA）×2÷（9+1）+ 前日 DEA

简单来说，DEA 就是经过平滑处理后的 DIF，所以其反应速度和敏感程度都不如 DIF。因此，在股价拐头向上或向下时，DIF 总是先于 DEA 发生变动，就会向上突破或向下跌破 DEA，形成交叉形态，这就是 MACD 指标的黄金交叉和死亡交叉。

金叉与死叉是投资者判断股价拐点的重要依据，这种形态普遍存在于均线型指标之中，MACD 指标也不例外。因此，当投资者发现利用零轴判断买卖点过于滞后时，就可以更多地关注 DIF 与 DEA 之间的交叉形态。

但零轴也不是没有作用的，零轴之上和零轴之下的交叉形态所代表的含义不同，如图 1-3 所示。

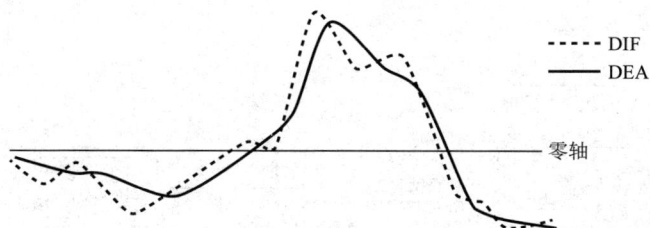

图 1-3　MACD 零轴上下的交叉形态

①在零轴之上的金叉大多意味着股价是在上涨过程中产生回调，导致 DIF 落到 DEA 之下，待到股价重拾升势，DIF 突破 DEA 产生金叉时，投资者就可以更加放心地介入。

②如果股价在下跌，但 MACD 指标线尚未跌破零轴，这时产生的零轴之上的金叉就有可能意味着反弹的形成，投资者可以根据反弹的幅度或是其他指标的信号决定是否介入。

③在零轴之下的金叉往往是股价下跌见底后反转或是强势反弹的预示，若股价能在后续持续上行，投资者是有机会借此低位建仓抄底的，但是风险会比较大。

④在零轴之上的死叉一般意味着股价上涨见顶后回调或下跌，死叉的位置越高，反转下跌所带来的风险就越高。第一次出现的高位死叉是投资者的止盈点，第二次出现的就是止损点了。

⑤零轴之下的死叉通常是股价反弹结束后形成的，说明股价即将回归下跌，这时场外投资者是不可以轻易介入的，已经在场内的也最好及时出局止损。

理论知识还需要实践印证，下面就来看具体的实例。

实例分析 **沙河股份（000014）MACD指标线位置关系**

图1-4为沙河股份2022年11月到2023年4月的K线图。

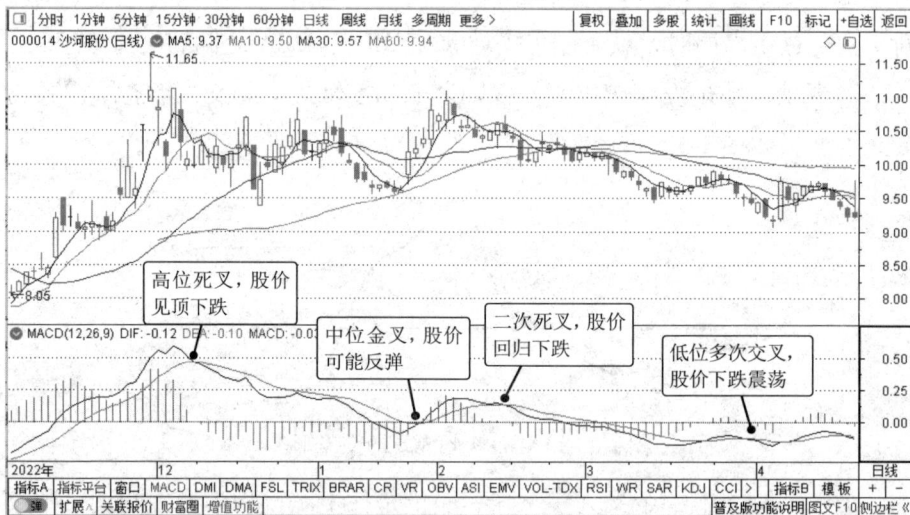

图1-4　沙河股份2022年11月到2023年4月的K线图

先来看股价见顶下跌的过程中MACD指标线的表现。2022年11月，股价涨势还是比较积极的，短短一个月内就从8.00元价位线附近冲到了11.65元，并带动MACD指标线也迅速上穿零轴并深入多头市场之中，买入信号十分强烈。

不过就在创出新高的当日，股价冲高回落收出了一根带长上影线的小实体阳线，这种出现在股价高位的倒锤子线往往是下跌即将到来的预兆，投资者要注意警惕。

数日之后，股价确实有明显下移，而且二次收阳也没能突破前期高点，说明下跌可能性很大。再看 MACD 指标会发现，DIF 虽然没有在 K 线收出倒锤子线后第一时间跌破 DEA，但也有明显走平，后续股价二次上冲失败后很快就跟随下行并跌破了 DEA 形成高位死叉。

这时场内趋势已经比较明显了，股价落到 10.00 元价位线附近开始横向震荡，MACD 指标线则节节下滑，意味着市场中的买盘推涨力度正在逐渐消退，此时谨慎型投资者应该及时撤离了。

继续来看后面的走势，股价在震荡一段时间后于 2023 年 1 月初出现了一次快速下跌，落到 60 日均线上才企稳。MACD 指标受此刺激小幅跌破零轴，不过好在股价很快回升，指标线也迅速跟随上扬，并在零轴附近形成了一个中位金叉。这就说明一波反弹或是上涨行情的下一段主升期可能即将来临，此时投资者可以尝试买进。

根据后续的股价表现来看，该股数日内的涨势确实值得投资，但持续时间较短，在 2 月初就重归下跌了。这时的 MACD 指标线拐头向下形成了又一个死叉，相较于前期来说算是一个位置更低的二次死叉，因此属于长期持股者的止损点，以及短期抢反弹者的止盈点。

在接下来的两个月内，股价在中长期均线的压制下持续下行，MACD 指标线也逐渐落到了零轴之下，并随着股价的震荡而不断产生交叉。这些交叉因为幅度较小，频繁度较高，因此不具备太大的参考价值，而且股价的状态也不适合投资者参与，此时应以观望为佳。

下面再来看股价重拾升势后，MACD 指标线又会有怎样的表现。

图 1-5 为沙河股份 2023 年 4 月到 8 月的 K 线图。

4 月底，股价在 8.65 元处触底后开始收阳回升，收阳的第三个交易日还形成了一字涨停。这使得 MACD 指标线快速转折向上，DIF 在零轴之下强势突破 DEA 形成低位金叉后继续上行，数日内就成功突破到了多头市场之上，再加上股价也越过了中长期均线的压制，因此买入信号还是比较可靠的，投资者完全可以尝试着建仓买进。

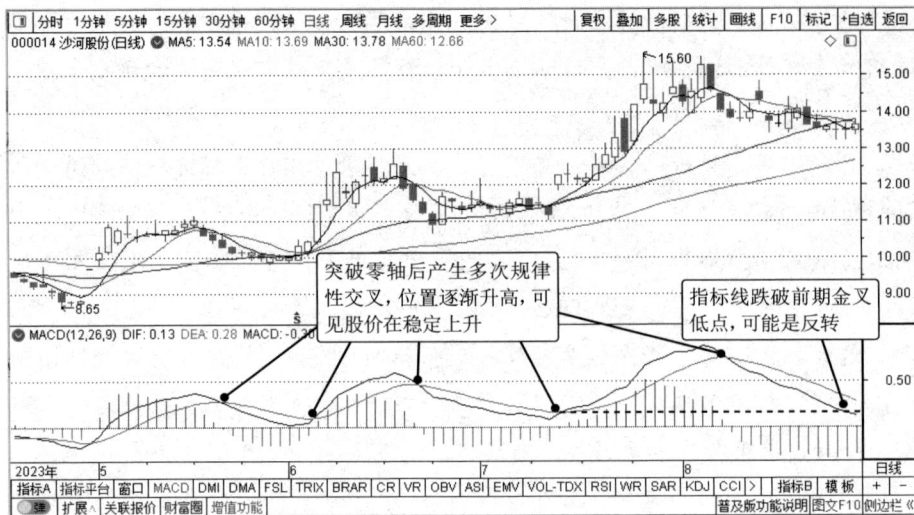

图 1-5　沙河股份 2023 年 4 月到 8 月的 K 线图

5 月初，股价在 11.00 元价位线处受阻后横向震荡了一段时间，随后形成回调整理。在回调过程中，MACD 指标线拐头向下构筑出死叉，看似是卖出信号，但投资者很快就会发现，股价在向下接触到中长期均线后就企稳横盘了，后续更是连续收阳回归上涨。MACD 指标线也构筑出金叉上行，可见此次回调杀伤力并不大，投资者可以不着急卖出，已经卖出的也可以重新入场。

之后，股价又在 13.00 元价位线附近形成一次回调，MACD 指标线走势与前期相似，但死叉和金叉的位置相较于前期都有所上升，证明股价整体还是处于上涨状态的，投资者可继续持有。

到了 7 月下旬时，该股已经上涨到了 15.00 元价位线上方，并再度拐头向下。但此次的下跌并不像往期那般很快结束，股价在绵绵阴跌中逐渐靠近中长期均线，MACD 指标线跟随持续下行，最终跌破了前期金叉的位置。

显然，此次股价下跌带来的反转风险比较高，那么当股价跌破中长期均线，MACD 指标线进一步靠近零轴时，投资者最好还是抛售持股，出场观望，避免被高位深套。

在前面的案例中，MACD 柱状线一直没有被使用，实际上这是一种比

MACD 指标线更为超前的研判元素，而且时常会与指标线和股价形成背离，投资者有必要掌握其用法。

1.1.3　MACD 柱状线的伸缩

MACD 值是在 DIF 和 DEA 的基础上计算得来的，计算公式如下：

$$MACD=（DIF-DEA）×2$$

从公式中可以看出，DIF 与 DEA 之间的差值是影响 MACD 柱状线长度的关键因素。当 DIF 大于 DEA 时，二者差值越大，柱状线越长，反之则越短。而当 DIF 小于 DEA 时，二者差值越大，柱状线在负方向上会越长，反之则越短。

具体表现在指标走势中，就是当 DIF 运行到 DEA 上方，MACD 柱状线就会呈现为红色，并随着两条指标线之间距离的拉大而不断向上伸长；相反，当 DIF 运行到 DEA 以下，二者产生交叉的同时，MACD 柱状线就会由红转绿，并随着指标线之间距离的增大而向下延伸。

细心的投资者这时就能发现 MACD 柱状线的前瞻性了，一旦股价涨势有所减缓，甚至是涨速降低了一些，无法继续推动 DIF 继续上扬并远离 DEA，MACD 红柱就会出现走平甚至缩短，这被称为缩头，是股价可能即将遇到阻碍的表现。

相反，当股价跌势减缓，市场买方开始发力建仓时，DIF 就可能走平并与依旧下行的 DEA 拉近距离，使得 MACD 绿柱出现缩短，也就是抽脚，股价后续可能横向震荡或是反弹。

当然，仅凭 MACD 柱状线来判断股价拐点还是太过草率了，投资者需要结合 MACD 指标线当前的位置、股价行情的整体走势、其他技术指标的预示信号及后续的整体表现来综合分析，柱状线的前瞻性只是让投资者掌握主动权，并不是立即确定买卖点。

接下来还是通过一个具体的实例来展示。

实例分析 **深科技（000021）MACD 柱状线前瞻性**

图 1-6 为深科技 2023 年 12 月到 2024 年 4 月的 K 线图。

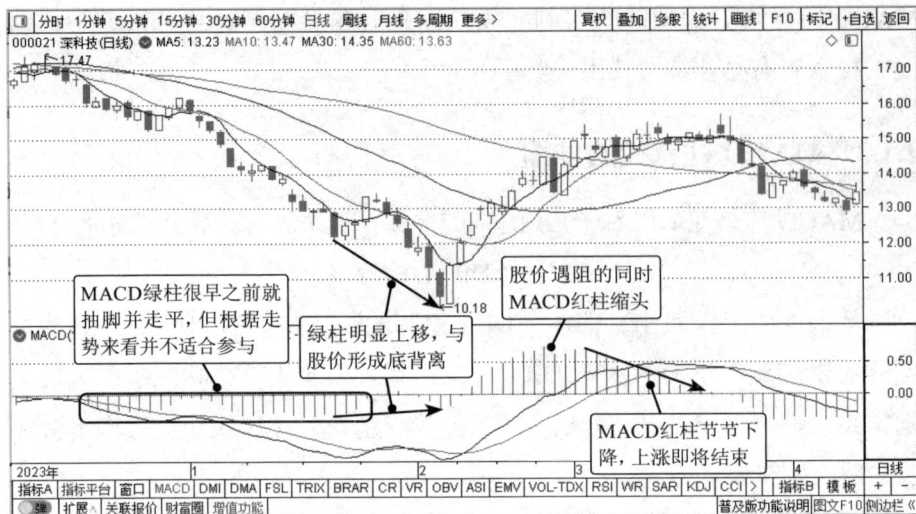

图1-6　深科技2023年12月到2024年4月的K线图

2023年12月初，股价在17.00元价位线附近横盘震荡，不仅均线组合黏合在一起，MACD指标线也在零轴附近纠缠，不过DIF处于DEA之下的表现还是证明了市场更偏向于看跌。

12月上旬，股价快速下跌并跌破横盘区间，均线组合被带动向下发散，MACD指标线也向下远离零轴，DIF与DEA的距离拉开，MACD绿柱明显拉长，呈现出明显的看跌信号，警示投资者不要参与或尽快止损。

不过仅仅在数日之后，股价跌势就有所减缓，DIF不再持续远离DEA，MACD绿柱开始走平。在后续近一个月的时间内，MACD绿柱的低点几乎都与前期相差不大，但观察股价的走势，二者的跌速明显是不匹配的。那么此时即便MACD绿柱有抽脚，投资者也不能轻易买入。

2024年1月下旬，股价落到12.00元价位线附近后止跌反弹了数个交易日，但很快又继续下跌了，并且低点落到10.18元上，相较于前期低点有明显下移。此时来看MACD指标可以发现，MACD绿柱在两处低点的表现截然相反，低点是上移的，与股价形成了底背离。

这种底背离是比较可靠的反转信号，结合股价在见底次日明显收阳拉升的走势来看，后续可能会有一波强势反弹，投资者可以冒险低位建仓。谨慎型投资者则可以多观察一段时间，确定股价涨势后再介入。

数日之后，股价的上涨趋势更加明显，并且涨速也是比较快的。这使得 MACD 指标线很快在零轴之下形成低位金叉后大幅上扬，DIF 抬升远离DEA，MACD 红柱持续拉长，买进信号十分强烈。

但在股价上涨靠近 60 日均线时，受到其压制导致涨速开始有所减缓，DIF 上扬的角度也变缓了，DEA 继续靠近，MACD 红柱开始缩头。这是股价遇到阻碍的预示，上方 K 线的走势也证实了这一点，还未建仓的投资者要暂缓，观察股价是否能突破这层阻碍。

3 月初，股价成功越过了 60 日均线，但后续的上涨速度明显降低，几乎表现出了横盘的迹象。这也导致 MACD 指标线上升失去动力，DIF 越发接近 DEA，MACD 红柱节节缩短。

比起之前的走平，这里的缩短就意味着 DIF 即将与 DEA 产生接触，高位死叉快要出现。如果股价不能在短时间内重拾升势，此次反弹可能会就此结束，投资者也应该卖出了。

从后续的走势可以看到，该股最终还是没能继续上涨，而是在 3 月下旬连续收阴下跌并跌破了中长期均线的支持。MACD 指标线形成高位死叉后下行，MACD 柱状线转绿，反弹结束，投资者要注意兑利卖出。

1.1.4　MACD 指标参数调整

MACD 指标的参数一般显示在指标窗口的左上角，默认情况下是（12,26,9），这三个数据来源于 DIF 和 DEA 的计算公式。

前面提到过，DIF 是 12 日指数移动平均值和 26 日指数移动平均值的离值，DEA 是 DIF 的 9 日加权移动平均线。之所以取 12 日和 26 日为计算基期，是因为我国股市在早期时一周有 6 个交易日，那么两周就有 12 个交易日，一个月大约有 26 个交易日。

一般情况下，这里是不建议投资者随意修改 MACD 指标参数的，毕竟其默认参数经过了市场的重重考验，已经能够满足大部分投资者的使用需求。但如果投资者希望指标更加灵敏，或是更加能够预示出中长期趋势信息，还是可以尝试修改参数的。

具体修改方式很简单，首先投资者在 MACD 指标窗口中右击任意一条指标线，在弹出的快捷菜单中选择"调整指标参数"命令，随后在打开的对话框中输入想要的指标参数，然后单击右下角的"关闭"按钮即可，如图 1-7 所示。

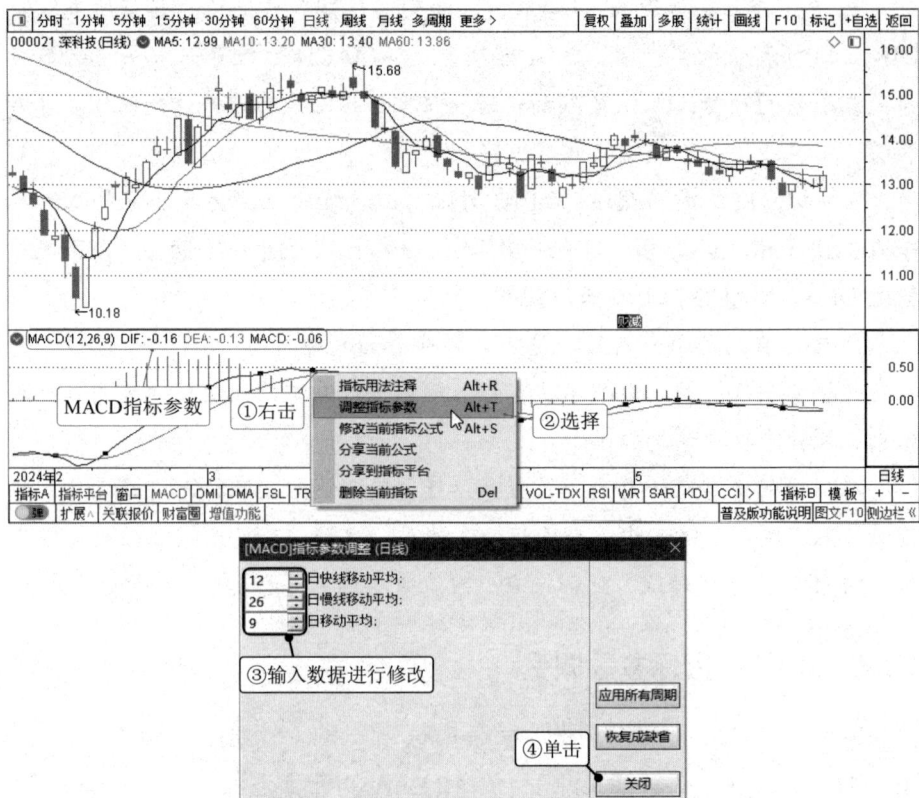

图 1-7　MACD 指标的参数与调整方法

　　除了修改原有指标的默认参数之外，投资者还可以修改指标的公式，改变一些指标元素或加入一些别的元素，比如通过设置触发条件来提示投资者何时买进、卖出等。不过非专业投资者很难把握改变的力度，所以只需要知道如何修改公式即可，这里不再展示修改后的指标用法。

　　此外，投资者还可以如调整参数一样右击任意指标线，在弹出的快捷菜单中选择"修改当前指标公式"命令，在指标公式编辑器中央的公式区域内输入指标代码，最后单击右上方的"确定"按钮即可，如图 1-8 所示。

图 1-8　MACD 指标的公式修改方法

在修改完成后，原本显示 MACD 指标的副图指标窗口会被替换为新指标，如果投资者想要叠加原来的 MACD 指标配合分析，可以在 K 线图中按【Alt+ 数字】快捷键以增加副图窗口数量，如【Alt+2】快捷键是一个 K 线窗口和一个副图指标窗口，【Alt+3】快捷键是一个 K 线窗口和两个副图指标窗口，以此类推。

投资者如果只观察 MACD 指标和新指标，只需按【Alt+3】快捷键，单击选中新出现的指标窗口，再选择窗口下方指标菜单栏中的 "MACD" 选项即可，如图 1-9 所示。

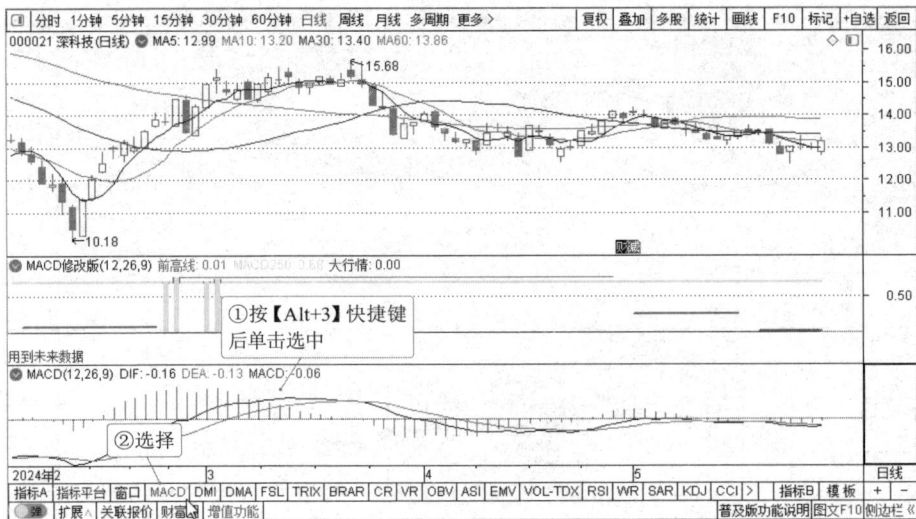

图 1-9　多窗口观察 MACD 指标

1.2　背离原理与种类

本书的重点是 MACD 指标的背离技术应用，在具体学习该指标的背离形态之前，投资者有必要了解背离的具体定义和种类，这样才能更好地在实战中利用背离获利。

1.2.1　背离概念与种类

背离其实就是两个分析对象的运行趋势不一致的情况，根据分析对象的不同，背离也可以分为多个种类。在股市中，背离的种类有大盘指数与个股的背离、K 线与技术指标的背离、不同周期的 K 线之间的背离、技术指标自身的背离、分时走势与外部走势的背离等，非常丰富。

不过如果只是单独的 MACD 指标，其背离技术可以大致分为两种：MACD 指标内部构成元素的背离及 MACD 指标与股价走势的背离。

MACD 指标内部元素还是比较丰富的，元素之间难免会因为一些原因产生走势上的不匹配。比如当 DEA 持续上扬时，DIF 改变运行方向开始走平甚至下跌，这就是一种背离。又比如当 DIF 和 DEA 同步上行时，

MACD 柱状线由停滞拉升变为走平或缩头，这也是一种背离。

图 1-10 为 MACD 指标中指标线与柱状线的背离。

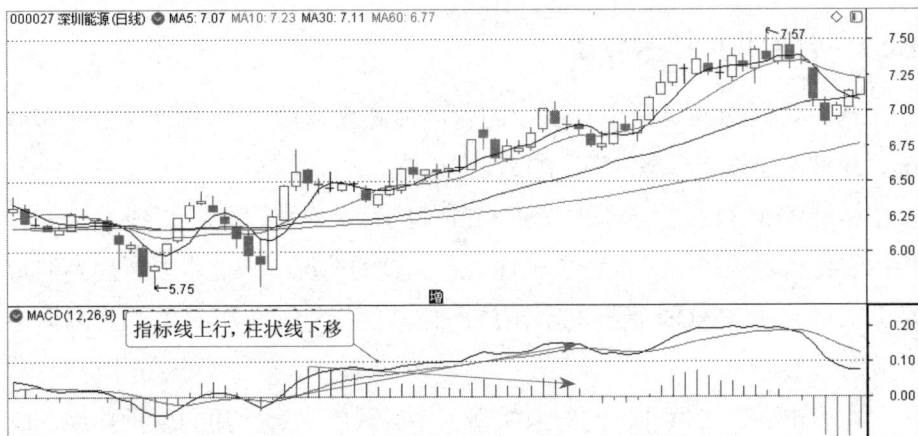

图 1-10　MACD 指标线与柱状线的背离

MACD 指标与股价之间的背离就更多了，在前面小节的案例中曾经出现过股价低点下移，MACD 绿柱低点却反而上移的情况，这属于底背离的一种。还有一种出现过的背离是股价震荡下跌时，MACD 指标线横向波动的情况，这样的背离并不激烈，但依旧能够传递出某些信息。

图 1-11 为 MACD 指标线与股价的背离。

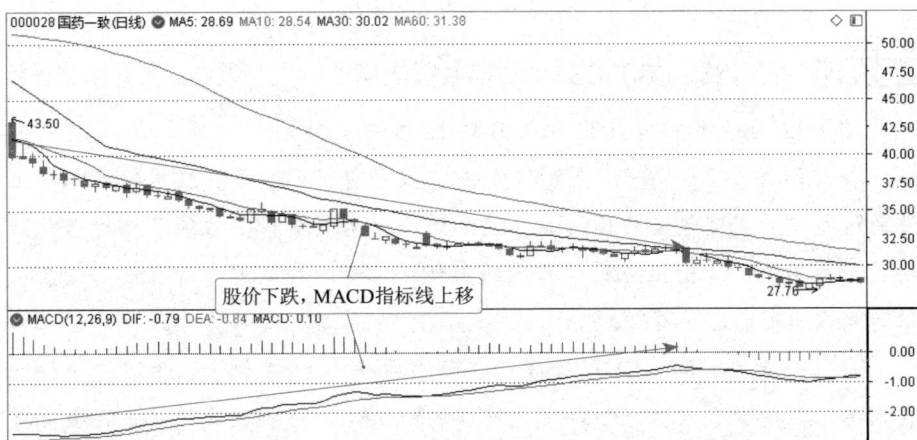

图 1-11　MACD 指标线与股价的背离

更具体的背离技术和分类将在第 2 章和第 3 章中进行详细解析，这里不再赘述，下面进入背离共振技术的学习中。

1.2.2　背离共振技术应用

背离共振指的是两个及以上的背离形态在某段走势中同时出现的情况，并且这些背离形态传递出的都是同向的信号。

虽然 MACD 指标内部的背离与外部的背离是可以配合形成共振的，但由于分析对象单一，难免会出现信号失真的情况。因此本书所提到的背离共振都是由 MACD 指标的背离技术与其他指标或分析对象的背离形态共同配合形成的。

在股市中，可供分析的对象实在太多，最常见和实用的就是均线、成交量、K 线形态等，MACD 指标如果能与这些指标形成背离共振，那么两者配合传递出的买卖信号一般会更加可靠。

不过需要注意的是，背离共振中有可能同时包含两个及以上的背离形态，形态越多，方向越统一，投资者操作的成功率就越高。但有时候还可能出现背离方向不一致或一方背离一方配合的情况，这就要与实际情况结合进行多方面分析了，学会分辨真假背离信号也是很重要的。

下面通过一个实例来看看背离共振的应用。

实例分析　**神州数码（000034）背离共振应用**

图 1-12 为神州数码 2022 年 8 月到 12 月的 K 线图。

在神州数码 2022 年 10 月的走势中，投资者可以发现在股价持续积极上涨的过程中，成交量呈现出的是明显的缩减走势。这种高位的量缩价涨是市场推动力不足，股价上涨难以为继的表现，二者的背离意味着股价可能会在短时间内出现滞涨甚至下跌。

在同一时期，MACD 指标线正在随着股价而积极上行，看似是一种配合形态，但投资者只要仔细观察就可以看到，MACD 柱状线几乎是在成交量缩减的同时出现了下降，与上行的股价和 MACD 指标线都形成了背离。

很显然，MACD 指标与成交量在同一时期形成了同一方向的背离，两者形态传递出的信号都是一致的，即股价即将滞涨或下跌，背离共振成型。那么谨慎型投资者此时就需要高度警惕起来，在发现股价开始收阴下跌后立即出局，就可以更大程度地保住收益。

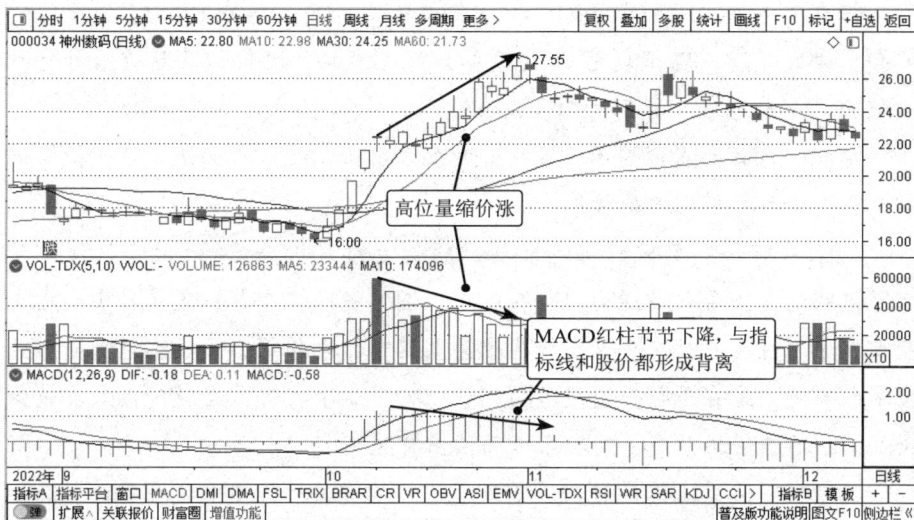

图 1-12　神州数码 2022 年 8 月到 12 月的 K 线图

这是背离共振构筑顺利的情况，下面看看一方背离一方配合的情况。

图 1-13 为神州数码 2023 年 2 月到 5 月的 K 线图。

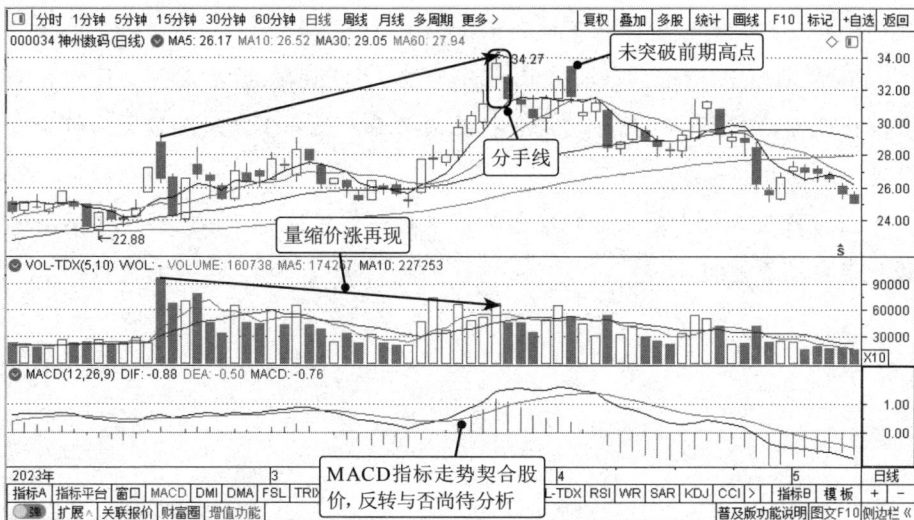

图 1-13　神州数码 2023 年 2 月到 5 月的 K 线图

到了2023年2月，该股已经回归了上涨，不过上涨过程并不是很稳定，股价在反复震荡中缓慢上移。在此阶段，成交量又一次出现了量缩价涨的背离，这一点在3月下旬表现得尤为明显。

但观察MACD指标可以发现，在整段走势中，MACD指标与股价的契合度都比较高，股价震荡MACD指标线也震荡，股价回落后重拾升势，MACD指标线也在小幅下滑后金叉上行。

这种一方背离发出警示信号，一方配合发出积极信号的情况下，投资者就需要进一步分析场内局势了。

先来看前期震荡过程中的表现，股价连续数次在28.50元价位线处受阻，说明这是一条关键压力线。在股价试图突破的几个关键交易日中，成交量都有单日放量的情况，说明场内主力对其有推动作用，但始终控制着不让突破，有可能是在进行洗盘或适当抛售以回笼资金。那么当股价彻底突破这条压力线后，主力就有可能在后续高位出货兑利。

再看股价连续上涨的过程，前期压力线被突破后价格依旧在积极上涨，但成交量没有给予更多的支撑，说明主力暂时没有大力推涨的意图，待到卖盘反转压制买盘时，主力可能就要出货了。

在股价创出34.27元高价的次日，K线就收出一根阴线下行。这根阴线的开盘价与前一根阳线的开盘价处于相近的位置，二者形成的是一种叫分手线的反转形态，是股价即将下跌的预示。

再看MACD指标，柱状线已经开始缩头，DIF也明显走平，虽然并未表现出明显的背离，但结合前期分析结果来看，此处下跌风险较大，投资者还是应以出局为佳。

后续股价二次上冲未能突破前期高点也证实了这一点，此时还未离场的投资者要抓紧时间。

第 2 章

MACD指标内部要素背离

　　MACD指标内部构成要素之间的背离形态十分丰富，有些背离形态还被赋予专门的名称，可见其知名度和可靠性还是比较高的。通过对本章的学习，相信投资者能基本掌握这些常见的背离技术应用方法。

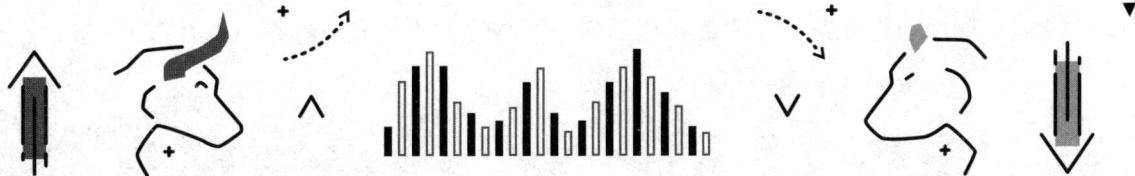

2.1　指标线之间的背离形态

MACD 指标线之间的背离其实就是指 DIF 与 DEA 走势的不匹配，其中又以 DIF 为关键研判对象，因为 DIF 反应速度快，波动幅度大，所以常常主动与 DEA 形成背离。

当某些形态出现在特定位置时，一种具有辨识度的看涨或看跌形态就能够为投资者提供可靠的买卖信息，帮助实现获利。

2.1.1　DIF 高于 DEA 的回调背离

DIF 高于 DEA 的回调背离有很多种，主要包含佛手向上、天鹅展翅、漫步青云、小鸭出水、空中缆绳、海底电缆等背离形态。看似复杂，但这些形态传递出的都是买入信号，因为 DIF 在 DEA 之上已经显示出了市场的积极性，投资者只需结合 K 线走势确定买点即可。

1. 佛手向上

佛手向上是指在股价转势上涨之后，MACD 指标线形成金叉随之运行到零轴之上，DIF 持续远离 DEA 使得 MACD 红柱拉长。不久之后股价回调，DIF 跟随回落，但在下跌靠近 MACD 红柱后就被重新上涨的股价拉回上涨走势中，再度远离 DEA 并形成向上张开的形态，整体形态就如同一只掐着中指的佛手，如图 2-1 所示。

技术图示 MACD 指标线佛手向上

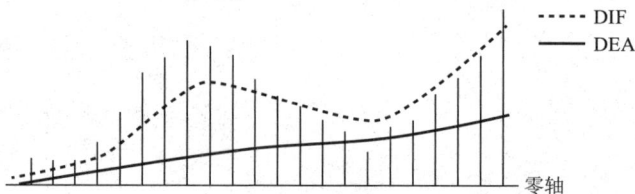

图 2-1　形态示意图

在佛手向上中，DIF 与 DEA 的背离走势还是十分明显的，不过最终二者之间没有形成交叉，因此积极信号一直存在，投资者可以尝试着在 DIF

靠近 MACD 红柱后拐头向上的位置建仓或加仓。

但需要注意的是，在借助 MACD 指标背离技术买入前，投资者还需观察当前行情是否值得参与。如果是在下跌行情的反弹过程中出现了这样的背离形态，投资者还是应以谨慎为佳，不可重仓介入。

下面进入实例解析中。

实例分析 **雷神科技（872190）佛手向上买点分析**

图 2-2 为雷神科技 2023 年 10 月到 2024 年 1 月的 K 线图。

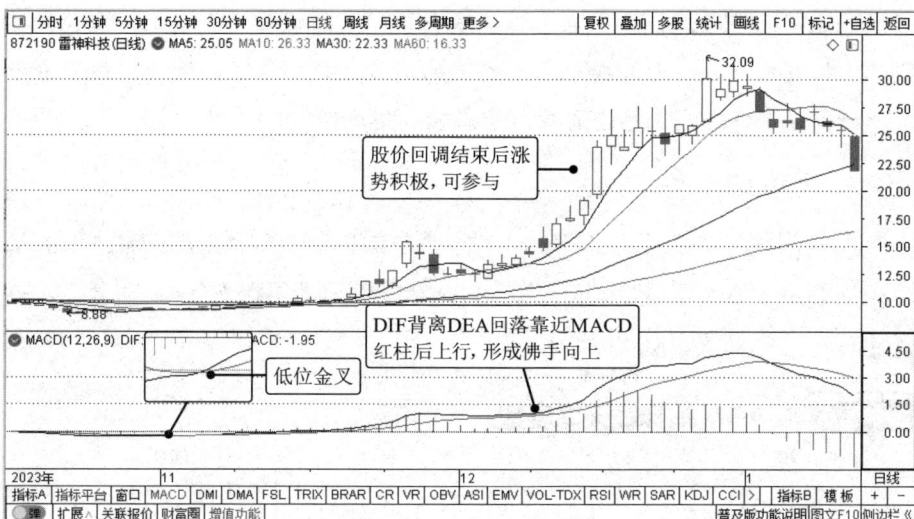

图 2-2　雷神科技 2023 年 10 月到 2024 年 1 月的 K 线图

下面来看雷神科技的这段走势，股价在 2023 年 11 月中旬之前的表现都比较平淡，整体处于 10.00 元价位线附近震荡。在 10 月底时，股价有过一次下跌后回升的过程，也成功带动 MACD 指标在零轴之下形成一个金叉后上行。但后续的走势依旧十分平淡，买入信号强度不足。

进入 11 月后不久，股价缓慢但稳定地突破到了中长期均线之上，MACD 指标线也越过了零轴。这时的看涨信号就明显不少，许多投资者已经开始尝试着建仓。

11 月中旬之后，股价涨速明显加快，K 线收阳的幅度迅速拉大，MACD 指标线开始在其带动下抬升，DIF 远离 DEA 后 MACD 红柱拉长，依旧处于观望的投资者可大量跟进。

不过就在接触到 15.00 元价位线后，K 线滞涨并收阴下跌，带动 MACD 指标线也有所走平，DIF 横向靠近 DEA 形成背离。

好在此次下跌持续时间不长，回调幅度也不大，K 线在落到 10 日均线附近后就回归上涨了。因此 MACD 指标线也在下跌靠近 MACD 红柱后拐头向上，DIF 与 DEA 并未产生接触，而是随着股价的上升向上开口，形成了一个佛手向上的形态。

根据股价当前的表现和行情位置来看，后市继续拉升并不断创出新高的可能性还是比较高的，这一点可以从多头排列（即短期均线在上，中长期均线依次排列在下，不互相接触的形态）的均线指标中看出。因此，投资者就可以借助这个佛手向上形态再次加仓或重新建仓。

2. 天鹅展翅

天鹅展翅形态其实就是佛手向上中的 DIF 和 DEA 位于零轴之下的情况，当 DIF 回调结束继续上升后，两条指标线都需要突破到零轴之上，这样才有看涨的效果，如图 2-3 所示。

技术图示 MACD 指标线天鹅展翅

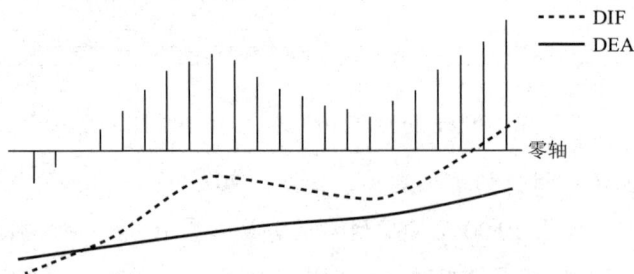

图 2-3　形态示意图

这种背离形态一般是股价前期经历一段时间的下跌后于某一位置反转，上涨到中长期均线附近后受阻小幅回调，最终成功突破形成的，对于投资者来说是一个比较低的买点。

如果在此买进，投资者付出的成本会相应低一些，但风险也会增加，毕竟后续股价能够上涨的幅度不明。因此投资者在建仓后要多多关注后续走向，一旦股价有转势下跌的迹象就最好及时止盈出局，避免损失。

下面进入实例解析中。

实例分析 爱乐达（300696）天鹅展翅买点分析

图 2-4 为爱乐达 2022 年 12 月到 2023 年 3 月的 K 线图。

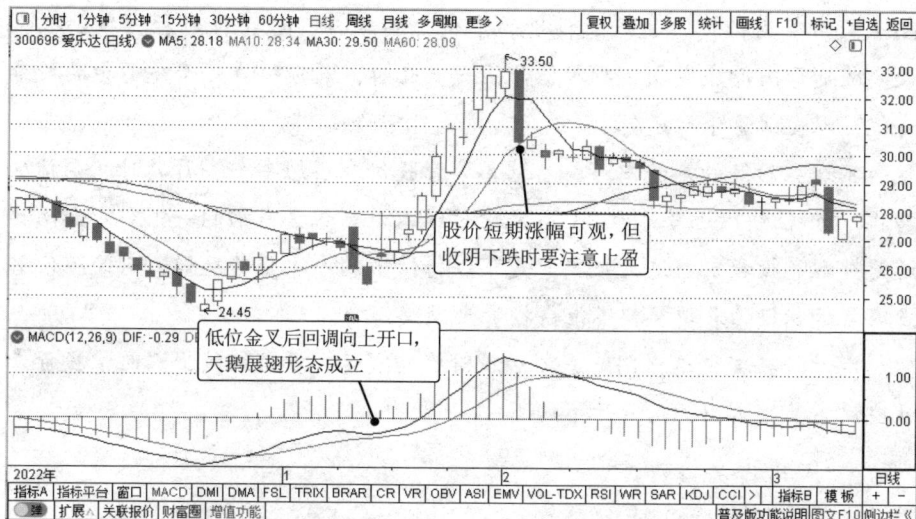

图 2-4　爱乐达 2022 年 12 月到 2023 年 3 月的 K 线图

　　观察爱乐达的股价走势，该股在 2022 年 12 月前期的下跌速度比较快，K 线连续收阴下行，很快便从 28.00 元价位线附近落到了最低 24.45 元，短期跌幅较大，许多投资者都无奈退场了。

　　这时的 MACD 指标线也都深入空头市场之中，DIF 位于 DEA 之下。不过在股价下跌的后期，MACD 绿柱并未继续拉长，而是低点走平，与股价形成一定的背离。这说明市场买方还有一定的能量，股价有机会回升，投资者可保持关注。

　　就在股价创新低的当日，K 线收出了一根小实体阳线，并在后续几个交易日接连上涨，呈现出反转的迹象。此时观察 MACD 指标可以发现，DIF 很快上穿 DEA 形成一个低位金叉，一个激进型买点出现。不过此时股价涨势尚不明确，谨慎型投资者还需等待。

　　数日后，股价上涨至中长期均线附近后受阻回落，但低点没有跌破前期。

与此同时，MACD指标中的DIF也跟随回落接近DEA，导致MACD红柱明显回缩，形成背离。

2023年1月上旬，股价继续收阳拉升并在数日后成功突破到了压制力最强的60日均线之上，随后更是暴涨，短期带来的收益极为可观。

同一时期的MACD指标也表现出了积极走势，DIF大幅向上抬升远离DEA，两条指标线迅速跟随股价的步伐上穿零轴，MACD红柱持续拉长，天鹅展翅形态彻底成立，买入信号强烈。此时，前期一直处于观望中的投资者就可以尝试着介入建仓了。

不过从后续的走势中可以看到，尽管股价在短短半个多月的时间内就从27.00元价位线附近暴涨至33.00元价位线以上，但2月初的一根突兀大阴线还是提醒了投资者，这大概率只是下跌行情中的一次强势反弹，后续股价若没有更加积极的表现，就不值得投资者继续停留。

因此，在发现这根阴线成型后股价横向震荡，没有继续上涨时，投资者就要注意及时卖出，避开后市的下跌。

3. 漫步青云

漫步青云形态要求DIF先在零轴之上跌破DEA形成高位死叉，下跌一段距离后回升，于零轴之上突破DEA形成金叉，随后持续上扬。这里的金叉可以是高位金叉，也可以是中位金叉（即在零轴上形成的金叉），如图2-5所示。

技术图示 MACD指标线漫步青云

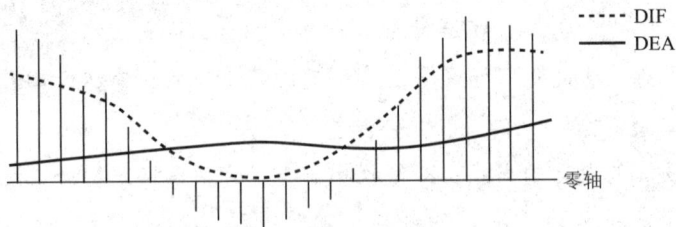

图 2-5　形态示意图

漫步青云形态与佛手向上形态比较类似，都是股价在上涨过程中回调导致的，只是漫步青云回调的幅度会大一些。不过只要股价没有彻底跌破支撑线，DIF 和 DEA 也没有彻底落到空头市场之中，投资者就可以在金叉出现后股价回归上涨时介入。

下面进入实例解析中。

实例分析 横河精密（300539）漫步青云买点分析

图 2-6 为横河精密 2022 年 12 月到 2023 年 3 月的 K 线图。

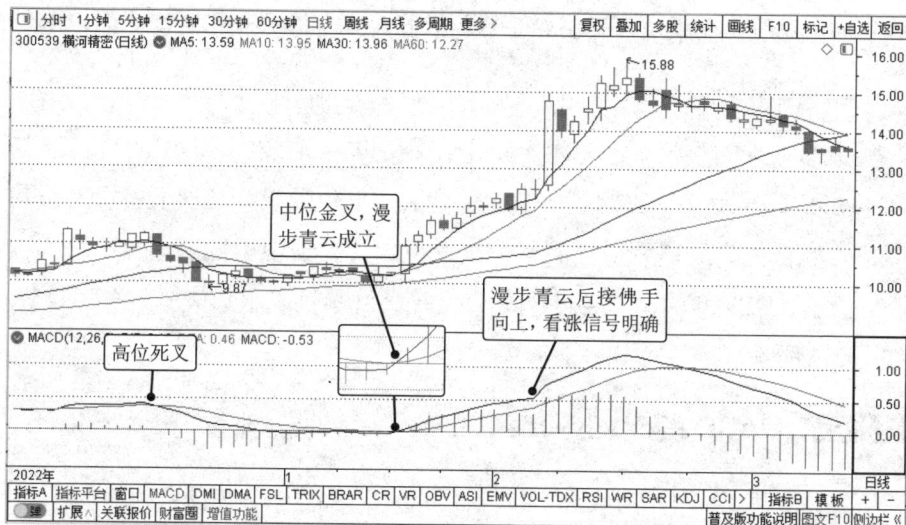

图 2-6　横河精密 2022 年 12 月到 2023 年 3 月的 K 线图

根据横河精密这段走势中中长期均线的表现，投资者可以大致判断出该股整体是处于上涨行情之中的，投资价值较高。

不过有上涨就难免有回调，2022 年 12 月上旬，股价在 11.00 元价位线附近受阻后横盘了一段时间，导致 MACD 指标线在零轴上方高位横向走平，并随着股价收阴下跌的步伐而形成高位死叉下跌。此时，把握不准后市走向的投资者可以先行卖出观望。

数日之后，股价在 10.00 元价位线附近得到支持后横向震荡整理。在此期间，MACD 指标线落到了零轴附近，DIF 小幅跌破零轴，但由于股价没有继续下滑，两条指标线最终还是维持在了零轴附近横向运行。这说明市场还是有一定支撑力的，场内投资者可按兵不动，场外投资者也保持观望。

2023 年 1 月中旬，随着 60 日均线的持续上行和靠近，该股整理完毕开始大幅收阳拉升，DIF迅速跟随上穿DEA，在零轴上形成一个中位金叉。后续股价涨势积极，两条指标线也大角度向上抬升，积极信号明显，投资者就可以在此建仓或加仓介入了。

在恢复上涨后的半个月内，股价涨速逐渐减慢，这导致MACD指标中的DIF上扬角度也有所放缓。直到K线收阳幅度再次加大，才带动DIF重新大幅拉升远离DEA，形成了一个不太标准的佛手向上形态，不过传递的信号是一致的，即股价短暂整理，后市依旧看好，投资者可继续持仓。

4. 小鸭出水

小鸭出水的整个形态基本上都是在零轴以下形成的，DIF首先需要与DEA形成三个交叉，分别是一次低位金叉、低位死叉和二次低位金叉。其中，二次低位金叉需要适当高于一次低位金叉，表现出低点逐步上移的状态。最后，DIF和DEA持续上行，直至突破到零轴以上形成"出水"形态，如图2-7所示。

技术图示 MACD 指标线小鸭出水

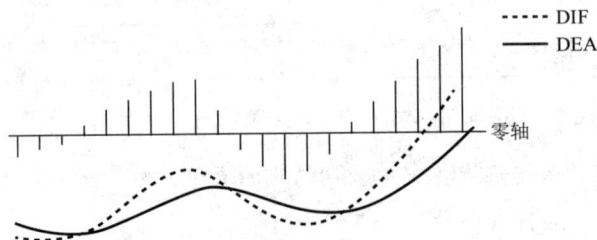

图 2-7　形态示意图

小鸭出水往往意味着股价正从低位回升，并且在回升过程中还存在一定的震荡。不过在震荡结束后，只要短时间内MACD指标不大幅变盘向下，股价将持续向好。

因此，小鸭出水形态中的买点还是比较丰富的，无论是一次低位金叉处、二次低位金叉处，还是指标线突破零轴的位置，投资者都可以考虑建仓或加仓。

需要注意的是，形态中两个金叉之间的横向距离不能太远，如果DIF

和 DEA 在金叉之间出现了多次震荡的走势，小鸭出水的标准程度就要大打折扣了。

下面进入实例解析中。

实例分析 西测测试（301306）小鸭出水买点分析

图 2-8 为西测测试 2023 年 8 月到 12 月的 K 线图。

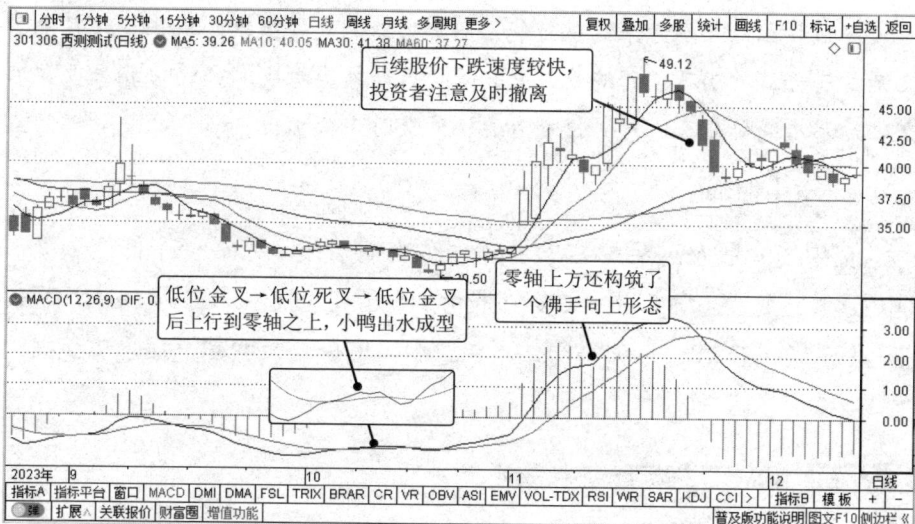

图 2-8　西测测试 2023 年 8 月到 12 月的 K 线图

在西测测试的这段走势中，股价前期大部分时间都被压制在中长期均线之下运行，整体处于空头市场之中，这一点从 MACD 指标的表现也可以看出。那么在此期间，投资者就需要出场观望。

但在股价持续下跌的过程中，细心的投资者能够看出一些不同寻常的走势。MACD 指标线先是在 2023 年 10 月初跟随股价的小幅反弹而在零轴下方形成一个低位金叉，后来股价很快反弹拐头向下，DIF 又下穿 DEA 形成低位死叉。

到了 10 月下旬时，股价再度形成收阳拉升的走势，DIF 被带动再次上穿 DEA 形成低位金叉。结合前期走势来看，这一金叉的位置稍高于上一个，并且后续股价在持续收阳缓慢上升，MACD 指标构筑出小鸭出水形态的可能性很高，谨慎型投资者可继续等待时机，激进型投资者则可以尝试着低位建仓了。

继续来看后面的走势。该股在进入11月后就以一根向上跳空的大阳线成功越过了中长期均线的压制，表现出强势推涨的态势。MACD指标线自然也有大幅上升，两条指标线迅速上行越过零轴，彻底完成了小鸭出水形态的构筑，配合股价形成了买入信号，前期还未买进的谨慎型投资者可以抓住时机迅速建仓。

不过快速的上涨带来的也可能是同样快速的反转下跌，该股在11月中旬之后就有连续收阴下跌的迹象，并且越到后期跌速越快。MACD指标也在不久之后形成高位死叉下行，投资者要注意及时止损卖出。

5. 空中缆绳

空中缆绳形态需要MACD指标线先在零轴以下形成一个低位金叉，随后逐步上行至零轴以上，DIF在股价回调的带动下向下靠近DEA，两条指标线黏合在一起，形似缆绳，不久之后再度分开，回归上扬走势之中，如图2-9所示。

技术图示 MACD指标线空中缆绳

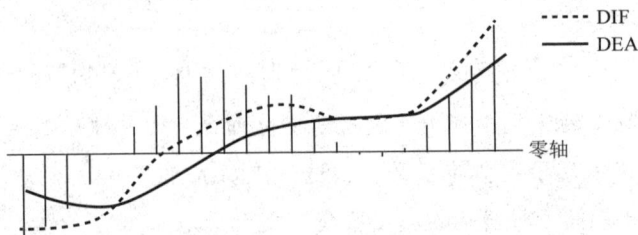

图2-9 形态示意图

空中缆绳的形态大概率也是股价从低位反转上涨后回调整理形成的，只是整理期间股价多是在横向走平，并且大概率不会跌破关键支撑线，相对比较温和。

该形态中比较明确的买入点有两处，分别是低位金叉的位置及缆绳形成的位置，前者较为激进，后者则比较稳妥，投资者可根据自身的风险承受能力选择买点。不过要确定买进信号的可靠性，还是需要在缆绳出现后才可以，所以，这里还是建议谨慎型投资者在缆绳处操作。

下面进入实例解析中。

实例分析 芯原股份（688521）空中缆绳买点分析

图 2-10 为芯原股份 2022 年 12 月到 2023 年 5 月的 K 线图。

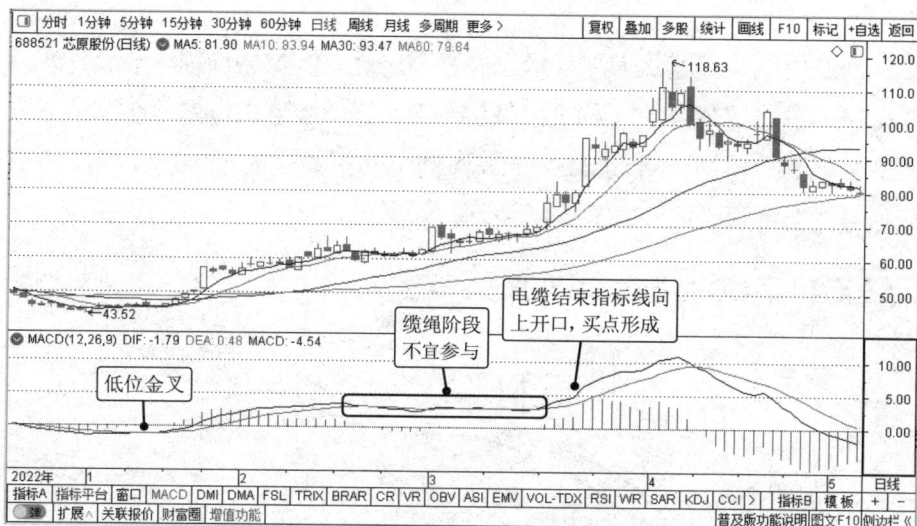

图 2-10 芯原股份 2022 年 12 月到 2023 年 5 月的 K 线图

先来看芯原股份前期的下跌走势，在 2022 年 12 月到 2023 年 1 月中旬之前，股价都被压制在中长期均线之下，MACD 指标线也在零轴下方运行。

不过该股在接触到 43.52 元的最低价后就有所回升，这使得 MACD 指标线在零轴之下形成了一个低位金叉。这对于激进型投资者来说已经是一个比较清晰的买进信号了，投资者可尝试轻仓买进。

1 月下旬，股价成功连续收阳突破中长期均线，MACD 指标线也运行到了多头市场之中。后续该股持续缓慢上涨，但在 2 月中旬之后受阻，涨速减缓后横向运行。MACD 指标线受其影响也走平，DIF 与 DEA 长期在某一水平线附近纠缠，形成缆绳形态。

至此，细心的投资者已经发现了空中缆绳的形态雏形了，只要后续股价能继续上涨并带动 DIF 远离 DEA，形态的积极信号就能够得到确认。不过目前行情变盘方向还不明朗，谨慎型投资者以观望为佳。

3 月中旬，变盘来临，股价快速收阳向上突破了横盘压力线，带动 MACD 指标线分开并同步上行，空中缆绳形态彻底成型。那么一直在等待时机的谨慎型投资者就可以迅速建仓了，已经在前期低位金叉处买进的投资者也可以再次加仓。

6. 海底电缆

海底电缆其实就是大部分形态位于零轴之下的空中缆绳形态，DIF 与 DEA 不仅需要在零轴之下构筑出低位金叉，连缆绳形态也需要在零轴下方成型。待到股价回升带动 DIF 和 DEA 向上转折并突破零轴后，形态的积极信号才会得到确认，如图 2-11 所示。

技术图示 MACD 指标线海底电缆

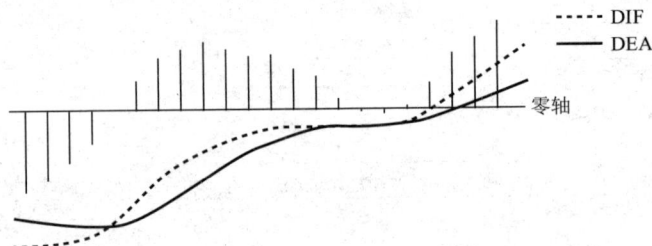

图 2-11　形态示意图

海底电缆的买点与空中缆绳是比较类似的，因为整体位于零轴以下，大多数情况下是股价在下跌或是筑底过程中反弹造成的，因此投资价值稍低，风险承受能力较弱的投资者最好不要参与。

下面进入实例解析中。

实例分析 北方华创（002371）海底电缆买点分析

图 2-12 为北方华创 2020 年 9 月到 2021 年 1 月的 K 线图。

在北方华创的这段走势中，下跌趋势还是比较明显的，但股价的反弹也比较强势。在 2020 年 9 月中旬和 10 月初的连续两次小幅反弹中，股价未能突破 60 日均线的压制，但成功带动了 MACD 指标线在零轴以下形成了一个金叉后上行。

在受到 60 日均线的压制后，该股再度回落，不过在小幅跌破 30 日均线后就止跌企稳了。与此同时，MACD 指标中的 DIF 跟随回调而向下，在接触到 DEA 后横向走平，与之形成电缆形态。

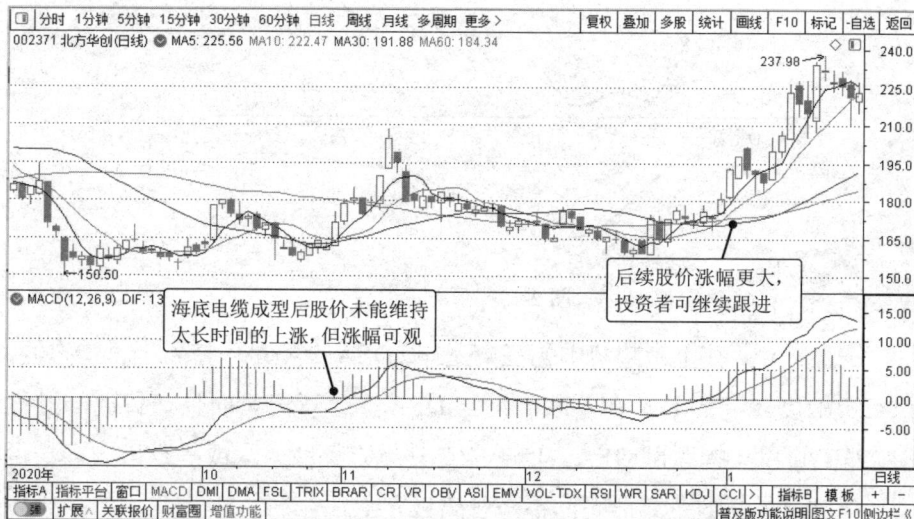

图 2-12　北方华创 2020 年 9 月到 2021 年 1 月的 K 线图

这时，海底电缆形态的雏形已经比较清晰了，随着股价收阳回升的步伐，MACD 指标线重新回归拉升的趋势也很明显，投资者现在就可以买进了。11 月初，股价的涨势和 MACD 指标海底电缆形态彻底确定。

虽然此次股价的上涨并未持续太长时间，但在短时间内从 165.00 元价位线下方上涨到接近 210.00 元价位线附近止涨回落的过程中，该股涨幅有 27% 左右，还是比较可观的，投资者只要及时止盈卖出，获得的短期收益与付出的时间、精力完全能够匹配。

而且在后续的走势中，股价回落到 165.00 元价位线附近后再度企稳拉升，形成的又一波上涨明显更加强势可靠，投资者若能抓住机会及时介入，就可以将这段涨幅收入囊中。

2.1.2　DIF 在 DEA 之上的三离三靠

DIF 在 DEA 之上的三离三靠是一种比较常见的指标线背离形态，它指的是在上涨趋势的带动下，DIF 运行于 DEA 上方，但随着股价的震荡，DIF 三次向上远离又三次向下靠近 DEA 的形态，如图 2-13 所示。

技术图示 DIF 在 DEA 之上的三离三靠

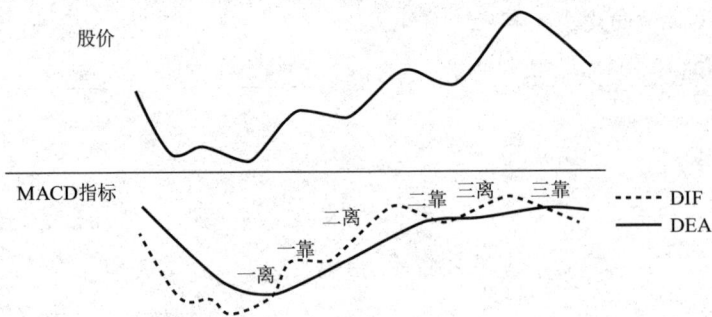

图 2-13　形态示意图

一般来说，在上升趋势中的三离三靠，DEA 全程是保持着上行状态的，只有灵敏度较高的 DIF 在不断波动与 DEA 产生背离。而且在背离的过程中，DIF 可以小幅跌破 DEA，但不能在其下方停留太久或是跌破太多，否则形成的就是其他背离形态而不是三离三靠了。

三离三靠最具价值的一点就是 DIF 往往会在第三次向下靠近 DEA 的时候产生比较大的变化，比如彻底跌破 DEA 形成高位死叉。但这也并非绝对，有时候股价在 DIF 第二靠时就转势下跌，有时候又会在第三靠结束后依旧上行。

因此，投资者可以在 DIF 第三靠时特别关注股价走势，观察场内是否有其他看跌信号产生，进而配合分析出合适的止盈点。而在三离三靠构筑的过程中，投资者则可以分段加仓或是长期持有，以抓住这一难得的持续上涨机会。

不过需要注意的是，大部分上升趋势中的三离三靠都是在零轴之上形成的，指示的是上涨行情已经稳定下来后的买点。但有些在零轴之下的三离三靠，就可能是在股价大幅下跌后转势回升的初期形成的。

虽然这种相对特殊的三离三靠也预示着股价处于上涨趋势，但投资者还是不能轻易将其当作行情转势的表现，毕竟有些幅度较大、时间较长的反弹也会导致 MACD 指标出现这种三离三靠形态。因此，投资者在遇到这种情况时一定要谨慎参与。

接下来通过实例进行解析。

实例分析 立方数科（300344）上升阶段三离三靠背离

图 2-14 为立方数科 2022 年 12 月到 2023 年 4 月的 K 线图。

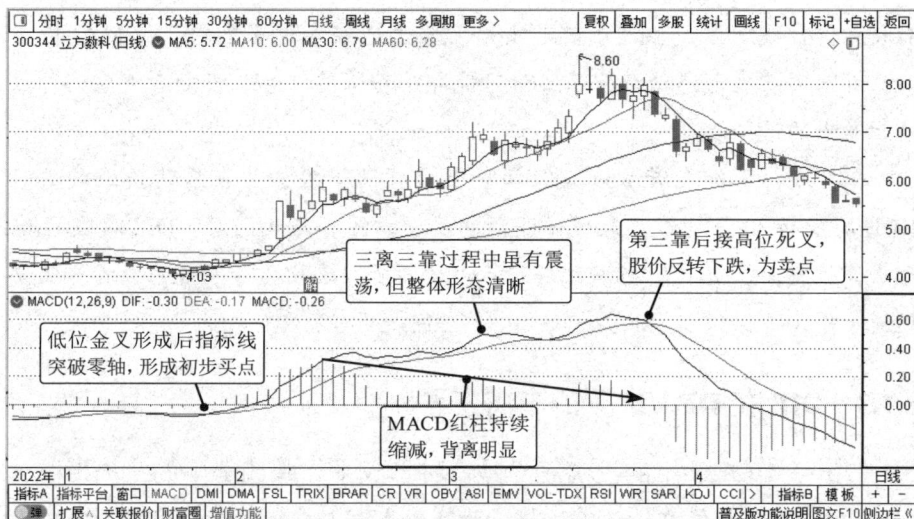

图 2-14　立方数科 2022 年 12 月到 2023 年 4 月的 K 线图

立方数科的股价在 2023 年 2 月之前还处于低位横盘状态，MACD 指标受其影响长期在零轴下方横向运行，其间发出的买卖信号稍有失真，投资者不能着急在此期间买进。

1 月底，该股在 4.00 元价位线上方触底后再次收阳回升，初始速度较慢，但还是比较坚定地向上突破了中长期均线的压制。MACD 指标线在零轴下方形成一个低位金叉后持续上行，很快便跟随股价来到了多头市场之中，积极信号释放，投资者可趁机建仓。

股价在突破关键压力线束缚后开始积极向上拉升，其间经历过数次滞涨与回调，但几乎都没有跌破 10 日均线的支撑，可见市场推动力还是十分充足的。在此期间，MACD 指标线受其影响多次产生波动，但 DEA 始终坚持上行，只有 DIF 多次远离又靠近 DEA，形成三离三靠形态的雏形。

在形态构筑的过程中，投资者尚且无法彻底确定三离三靠形态是否成立，但依旧可以借此进行波段加仓或适当抛售，以降低长期持有的风险。

随着三离三靠的进行，DIF与DEA越靠越近，MACD红柱的高点也在渐次下移，与持续上扬的指标线和股价都形成了背离。这是一种警示信号，股价有可能上涨动力不足，后续会形成大幅回调甚至下跌。

3月下旬，三离三靠形态的最后一靠也出现了，这时的股价已经上涨到8.00元价位线上方，相较于前期4.00元左右已经实现了翻倍。但MACD柱状线和三离三靠形态释放出了股价可能即将转势的信号，投资者需要格外注意止盈点的选择。

3月底，股价在滞涨一段时间后大幅收阴下跌，并在后续接连跌破了10日均线和30日均线，表现出明显的反转意图。与此同时，DIF跌破DEA形成高位死叉，MACD柱状线转绿后迅速拉长，卖出信号明显，投资者需要迅速出手，以保住前期收益。

2.1.3　DIF在DEA之下的三离三靠

DIF在DEA之下的三离三靠是一种形成于下跌趋势中的背离形态，DIF和DEA在股价持续下行的带动下逐渐下滑并落到零轴下方，DIF三次向上靠近又三次向下远离DEA，最终形成一个波浪式下行的看跌形态，如图2-15所示。

技术图示 DIF在DEA之下的三离三靠

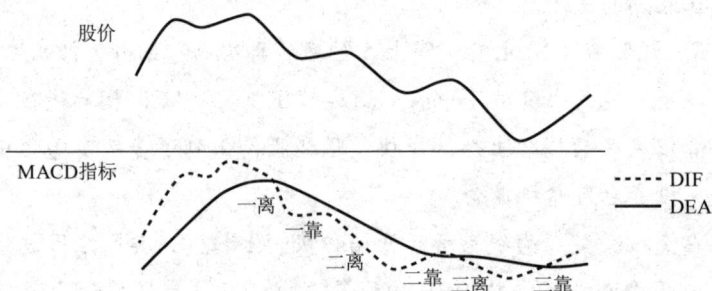

图2-15　形态示意图

很显然，这种下行三离三靠形态传递出的是清晰的看跌信号，无论形态形成于零轴上方还是下方，在构筑过程中都是不适宜参与的。

但当第三靠形成后股价有止跌回升的迹象，DIF也可能上穿DEA形成低位金叉时，投资者就可以给予高度关注，在股价确实反转上涨后择低买进，就有机会实现抄底。

不过需要注意的是，股价反转后形成的可能是短期反弹，投资者需要关注中长期均线对 K 线的压制作用。K 线突破成功，则可以继续持有甚至加仓；K 线突破失败，反转位就是最佳卖点。

接下来通过实例进行解析。

实例分析　雅克科技（002409）下跌阶段三离三靠背离

图 2-16 为雅克科技 2023 年 11 月到 2024 年 4 月的 K 线图。

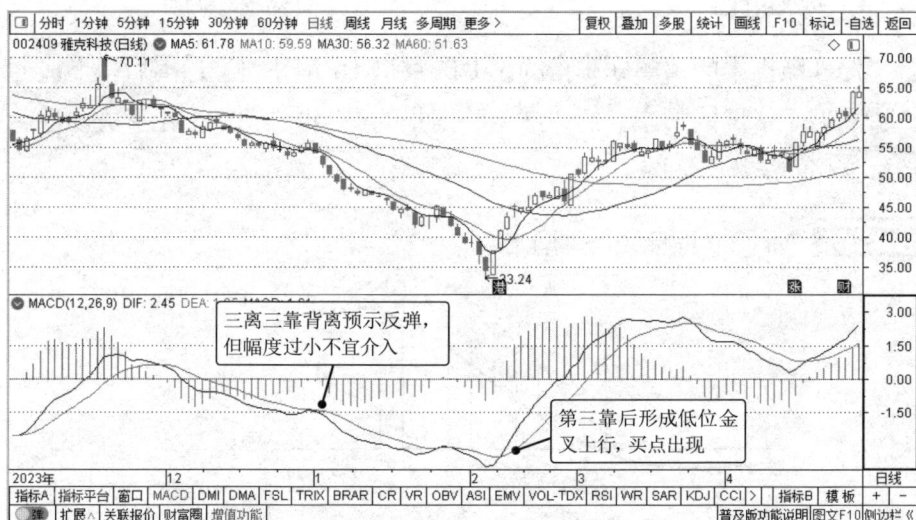

图 2-16　雅克科技 2023 年 11 月到 2024 年 4 月的 K 线图

从雅克科技的这段走势可以发现，该股前期处于持续性的下跌之中，虽然在 2023 年 11 月有过一次强势的反弹，但最终没能拉动整个行情反转，只是短暂突破中长期均线后就再次下跌了。受此次反弹影响，MACD 指标线也短暂冲到了多头市场中，随后形成高位死叉下行。

在后续两个多月的时间内，股价都在持续下跌，并且越到后期跌速越快。这导致 MACD 指标线也在持续下滑，不断深入空头市场之中。

不过股价在此期间也有过短暂的反弹，因此 DIF 形成过数次波动，在连续两次远离又靠近 DEA 后，一个三离三靠形态的雏形就出现了。但这一时期内投资者是不宜介入的。

在最后一靠出现时，股价已经跌到了 35.00 元价位线以下，但 K 线反转收阳拉升，DIF 跟随快速转折向上并成功突破 DEA，完成了三离三靠的构筑，同时也预示出清晰的介入信号。这时，前期一直在观望的投资者就可以迅速借低买进，降低持股成本。

从后续的走势也可以看到，该股此次的上涨非常强势，非但没有受到太严苛的阻碍，反而在突破中长期均线后继续拉涨向上，为投资者带来丰厚的收益。

2.1.4　汤匙渐上

汤匙渐上中的"汤匙"指的是 DIF 突破 DEA 并向上远离后，形成的一个类似于汤匙的形态。而"渐上"则指的是 DIF 与 DEA 在形成汤匙后持续上移的走势，如图 2-17 所示。

技术图示 MACD 指标线汤匙渐上

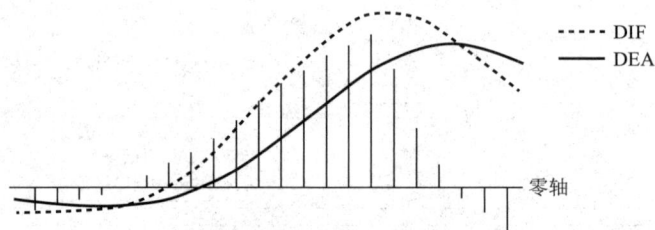

图 2-17　形态示意图

汤匙渐上大概率是股价由低位横盘或下跌状态转为积极拉升造成的，那么前期必然会有一个金叉，这个金叉不限位置，在零轴附近最好。

在汤匙"柄"的构筑过程中，MACD 红柱会随之不断拉长，投资者可趁机低位建仓。但在汤匙"勺"的底部出现时，往往意味着股价进入了滞涨，导致 DIF 横向靠近依旧上行的 DEA，后续有可能降低跌破形成高位死叉。这时投资者就要注意警惕，必要时可先行出局。

注意，汤匙渐上的形态在实际构筑过程中可能不会如示意图中那样圆润，而是多一些次一级的震荡，尤其是在勺底阶段。不过只要不震荡得太过偏离原有形态，投资者就可以不予理会。

接下来通过实例进行解析。

实例分析 新易盛（300502）汤匙渐上背离卖出

图 2-18 为新易盛 2023 年 3 月到 6 月的 K 线图。

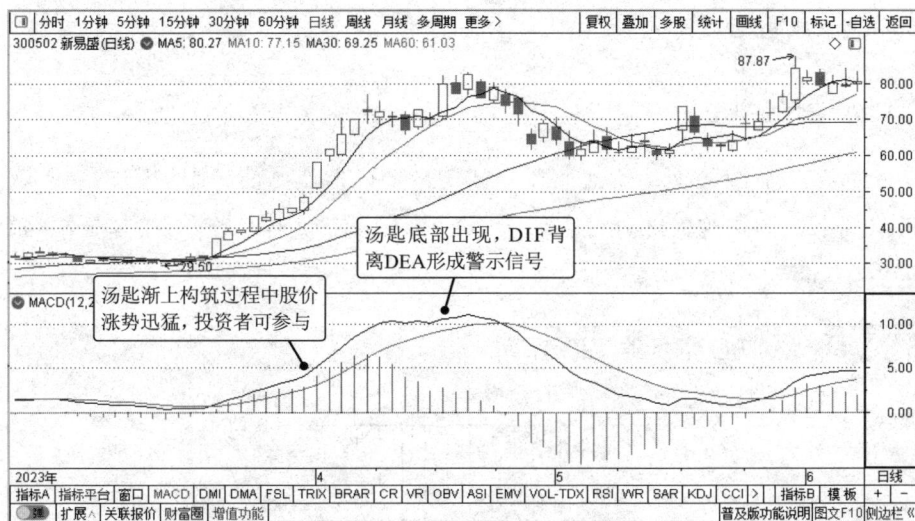

图 2-18　新易盛 2023 年 3 月到 6 月的 K 线图

根据新易盛这段走势中均线组合的表现来看，该股还是有很高投资价值的。在 2023 年 3 月中旬之前，虽然股价在低位横向整理，但整体是处于中长期均线之上的，MACD 指标线也在零轴上方，所以应该只是一次上涨行情中的回调整理，杀伤力不大，场内投资者可继续持有。

3 月下旬，股价开始收阳上涨，MACD 指标线形成一个高位金叉后跟随上行。随着股价涨速的加快，DIF 不断远离 DEA，导致 MACD 红柱也在持续拉长，买入信号更加可靠，场外投资者可趁机买进。

在后续近一个月的时间内，该股几乎都在收阳拉升，一直到 4 月上旬才在 70.00 元价位线附近受阻横盘。此时的 MACD 指标线依旧在向上拉升，但由于股价涨速的减缓，DIF 有所走平，MACD 红柱明显缩短，二者都与 DEA 形成了背离。

而且最重要的是，DIF 与 DEA 在此时已经有了汤匙渐上形态的雏形，勺柄和勺底都已经出现，就差最后的高位死叉了。尽管此时股价还没有出现明显下跌迹象，但投资者依旧需要警惕。

4月中旬，股价在一次大幅拉升后再次受阻，数日后就出现了收阴回调的走势。此时的DIF也愈加走平靠近DEA，最终在4月下旬彻底跌破DEA形成高位死叉，汤匙渐上的形态也成立了。那么投资者就可以借此高位抛售，将前期收益兑现。

2.1.5　汤匙渐下

汤匙渐下就是汤匙渐上形态的翻转，是在下跌行情中出现的背离，这种情况下，形态的大部分都会位于零轴以下，传递出市场看空的信号，如图2-19所示。

技术图示 MACD 指标线汤匙渐下

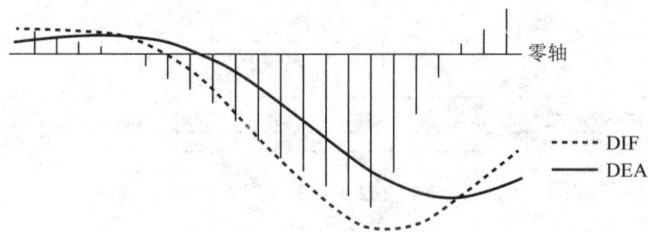

图 2-19　形态示意图

与上一节的汤匙渐上类似的是，汤匙渐下形态的勺柄和勺底含义正相反。勺柄警示投资者不要轻易买进，勺底则传递出股价可能见底回升，投资者可预备进入的信号。

当然，在这种低位买进是有一定风险的，投资者还需结合股价行情或是其他技术指标来分析后市是否值得参与。及时在低位建仓的同时，也要注意及时在高位止盈，避开后市下跌。

接下来通过实例进行解析。

实例分析 迈瑞医疗（300760）汤匙渐下背离买进

图2-20为迈瑞医疗2024年2月到6月的K线图。

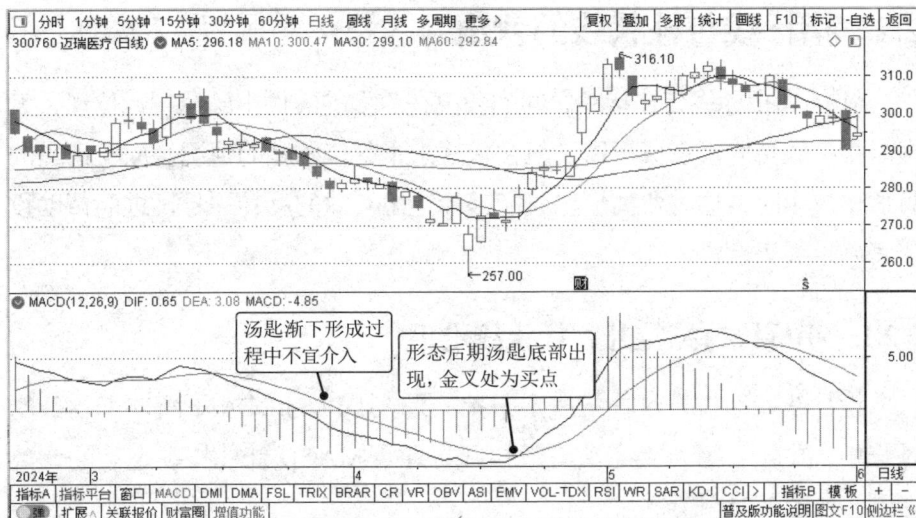

图 2-20　迈瑞医疗 2024 年 2 月到 6 月的 K 线图

观察迈瑞医疗 K 线走势中的均线表现不难看出，该股其实并没有太强的趋势性，K 线几乎是围绕着中长期均线上下波动，说明当前行情应当属于不稳定的猴市，那么投资者就更需要依靠技术指标来确定买卖点。

2024 年 3 月中旬，股价脱离上一阶段的横盘整理转而下跌，数日后就跌破了关键支撑线。与此同时，MACD 指标线也在零轴高位形成了一个死叉后下行，逐渐落到了空头市场中。

一直到 4 月中旬，股价都处于下跌状态，MACD 指标线也一直在跟随下行。不过随着下跌趋势的减缓，DIF 与 DEA 之间的距离不断拉近，使得 MACD 绿柱逐步抽脚，与指标线和股价都形成了背离。这意味着市场多方可能开始发力了，后续股价有机会转势上升，投资者要注意。

4 月中旬，在 257.00 元处触底后，股价迅速回升并带动 DIF 走平靠近 DEA，汤匙渐下的勺底出现了。数日后，DIF 成功上穿 DEA 形成低位金叉，K 线的上升趋势也得到了确定，汤匙渐下形态释放出的买入信号更加强烈，投资者完全可以迅速跟进建仓。

从后续的走势可以看到，该股在短短半个月内就从 257.00 元上涨到了最高 316.10 元，涨幅约为 23%，放在震荡猴市中利润已经是非常可观的了。只要投资者能够在股价彻底转势下跌之前卖出，就可以实现获利。

2.2　指标线与柱状线的背离

MACD 指标线与柱状线之间的背离在前面的案例中已经有所体现，大多是指标线持续上涨或下跌，但柱状线走平甚至缩减的情况。放在恰当的行情位置中时，这种背离形态就能够传递出有效的反转信号，进而帮助投资者确定买卖点。

2.2.1　指标线持续拉升，柱状线走平

指标线持续拉升时柱状线走平指的是在 DIF 与 DEA 不断向上抬升的过程中，由于二者距离无法有效拉开，导致 MACD 红柱持续走平的背离形态，如图 2-21 所示。

技术图示 **指标线拉升，柱状线走平**

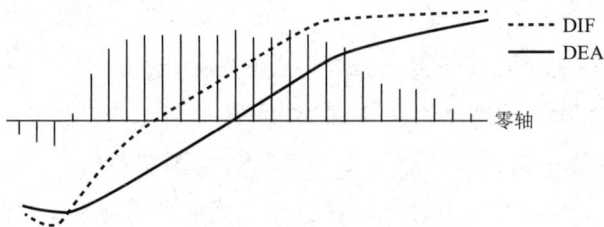

图 2-21　形态示意图

这种情况一般是股价开始涨速较快，然而后继无力，涨势减缓导致的。DIF 和 DEA 虽然依旧在上行，但在缺乏强劲推动力的情况下，DIF 很难再有更好的拉升表现。

因此，投资者在上升趋势中发现这种走势时，一定要结合当前行情状况分析，看是否需要提前出局。而尚未买进的投资者也要更加谨慎，必要时放弃该股转投其他。

下面根据实例进行解析。

实例分析 **菲利华（300395）上升趋势线升柱平**

图 2-22 为菲利华 2024 年 1 月到 4 月的 K 线图。

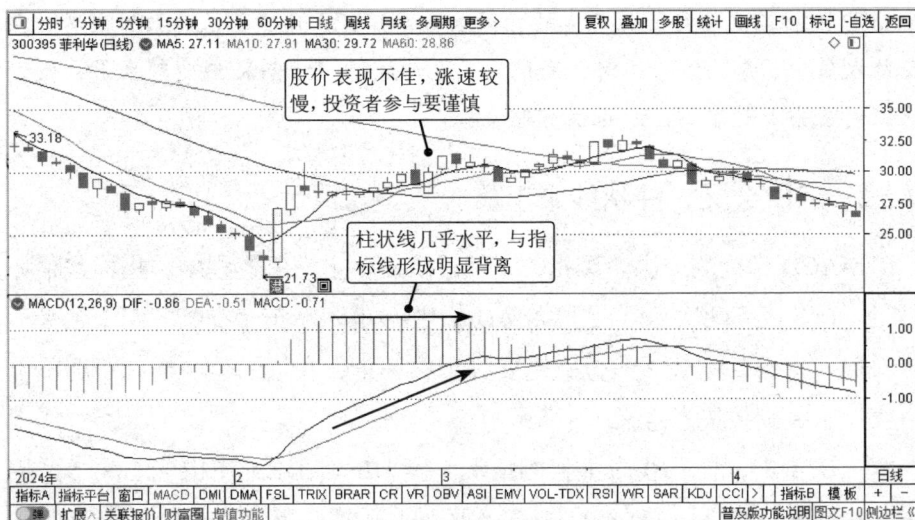

图 2-22　菲利华 2024 年 1 月到 4 月的 K 线图

在菲利华的这段走势中，投资者基本上可以确定股价依旧处于下跌行情之中，中长期均线的表现已经证明了这一点。不过有些下跌行情之中的强势反弹也是值得参与的，投资者可借此获利或止损。

在该股的反弹中，MACD 指标起到了关键的提示作用。2024 年 2 月初，股价在 21.73 元上触底后次日即强势收阳拉升，将 MACD 指标线拖出一个低位金叉后快速转向上方，MACD 红柱骤然拉长。很显然，这是一个明确的反弹买进信号，激进型投资者可尝试参与。

不过也由于初始上涨速度过快，后续股价的涨速跟不上，导致 MACD 指标中的 DIF 无法持续与 DEA 拉开距离。因此，在指标线上升的过程中，MACD 红柱几乎走出了一条水平线，二者形成明显背离。

不过尽管如此，股价还是缓慢但坚定地突破了中长期均线的阻碍，反转信号并不紧迫，持股投资者其实可以继续观望，但要保持警惕。

3 月中旬，股价终于将 60 日均线也突破了，如果市场能在后续提供充足推动力，该股此次的反弹可能会达到比较高的位置。但可惜的是，该股在突破数日后就出现了收阴下跌的迹象，并且在 3 月底以一根阴线同时跌破了两条中长期均线。

此时来看 MACD 指标会发现，到了上涨后期时，DIF 上扬角度明显变缓，

MACD 红柱缩减得更多，二者的背离依旧存在，并且警示信号愈加明显。在 K 线跌破中长期均线的同时，高位死叉也形成了。结合 K 线走势来看，投资者此时应当及时撤离，以保住前期收益。

2.2.2　二次金叉，柱状线未上移

MACD 指标的二次金叉指的是在股价震荡上涨的过程中，指标线跟随波动，DIF 连续两次自下而上穿越 DEA 形成的两个黄金交叉。两个金叉不限高度，但第二个金叉的位置需要高于第一个，并且二者的横向距离不可以太远，否则将失去意义。

二次金叉，柱状线未上移的情况是指 DIF 与 DEA 在构筑二次金叉的过程中，第二波 MACD 红柱的高点反而走平甚至下移，与金叉上移的走势形成的背离形态，图 2-23 为柱状线未上移的情形。

技术图示 **二次金叉，柱状线未上移**

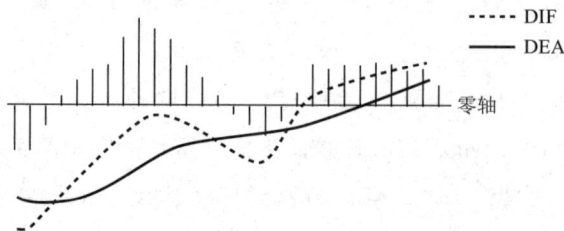

图 2-23　形态示意图

很显然，这种背离形态往往说明股价回调结束二次上冲的过程中，动能相较于前期有下滑，无法带动 DIF 形成更强势的抬升，甚至 DEA 也有所走平，MACD 红柱自然会回缩。

如果股价二次上冲的高点越过了前期，那么后市可能还有继续上涨的希望，但投资者需谨慎持有。但如果股价二次上冲没能突破前期高点，那么后市立即下跌的可能性就比较大了，投资者此时最好及时止盈出局，避免高位被套。

下面根据实例进行解析。

实例分析 鹏辉能源（300438）金叉上行与柱状线下行背离

图 2-24 为鹏辉能源 2022 年 9 月到 2023 年 3 月的 K 线图。

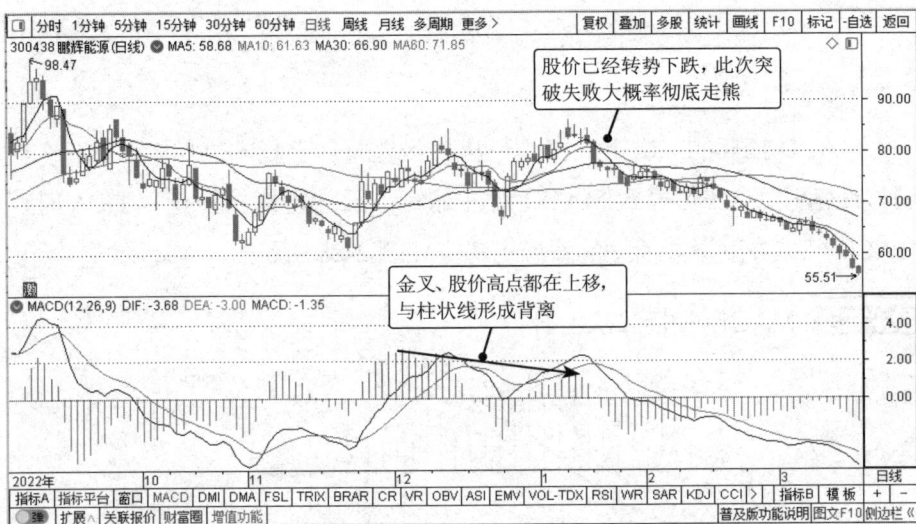

图 2-24　鹏辉能源 2022 年 9 月到 2023 年 3 月的 K 线图

整体观察鹏辉能源的行情可以发现，该股其实从 2022 年 9 月就已经由上涨转为下跌了，在跌破中长期均线的支撑后，K 线长期在其下方震荡运行，直到 11 月下旬才产生反弹。

这一次的反弹与前期不同，股价成功突破到了关键压力线之上，并且 MACD 指标线也在其带动下形成了低位金叉上行。这使得 MACD 红柱不断拉长，二者形成配合买进信号。

不过就在股价小幅突破 80.00 元价位线后，来自卖方的压力开始限制其上涨，该股只能通过一次回调来释放压力。此次回调幅度较大，MACD 指标线形成高位死叉后回落到了零轴附近，DIF 接触到零轴后才在股价再次上涨的带动下转折向上，形成又一个金叉。

这一次的金叉相较于前期的位置有明显抬高，但股价后续上涨乏力，DIF 无法太过远离 DEA，导致 MACD 红柱拉升的幅度远低于前期，二者由此形成了背离警示信号。

根据行情走势来看，该股本就处于下跌行情中的强势反弹，后续的二次上冲还明显受阻，无法突破 9 月创下的新高，那么后市就很难再有更好的表现。因此，当 DIF 跌破 DEA 导致 MACD 柱状线红转绿时，投资者最好及时出局止损。

2.2.3　二次上升

MACD 指标的二次上升指的是指标线在整体上扬的过程中，DIF 一次明显回落接近 DEA 导致 MACD 红柱缩短，后续再度抬升远离 DEA 时，MACD 红柱高度不如前期的背离走势，如图 2-25 所示。

技术图示 MACD 指标二次上升

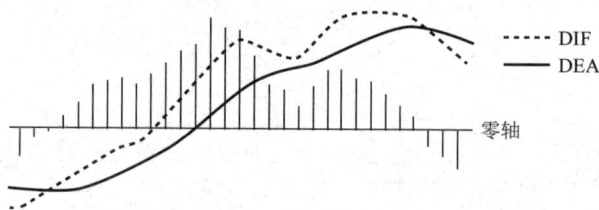

图 2-25　形态示意图

指标线的这种形态与本章前期介绍过的佛手向上和天鹅展翅比较类似，但位置并没有过多要求，重点在于 MACD 红柱的表现。这样的背离传递出的依旧是股价涨速下降，后续有可能滞涨或是回调下跌的信号，投资者可不着急卖出，但要把握反转时机止盈。

下面根据实例进行解析。

实例分析 比亚迪（002594）指标线二次上升，柱状线下降

图 2-26 为比亚迪 2022 年 4 月到 9 月的 K 线图。

来看比亚迪的这段走势，股价在 2022 年 4 月的表现比较平缓，整体处于 240.00 元价位线附近横向震荡，趋势性不明，投资者需留在场外按兵不动，等待时机。

进入 5 月后不久，股价有了明显的变盘迹象。K 线收出一根长实体阳线自下而上穿越了整个均线组合，这是一种典型的看涨形态，名叫蛟龙出海，其传递出的买入信号十分强烈，投资者可以借此迅速建仓。

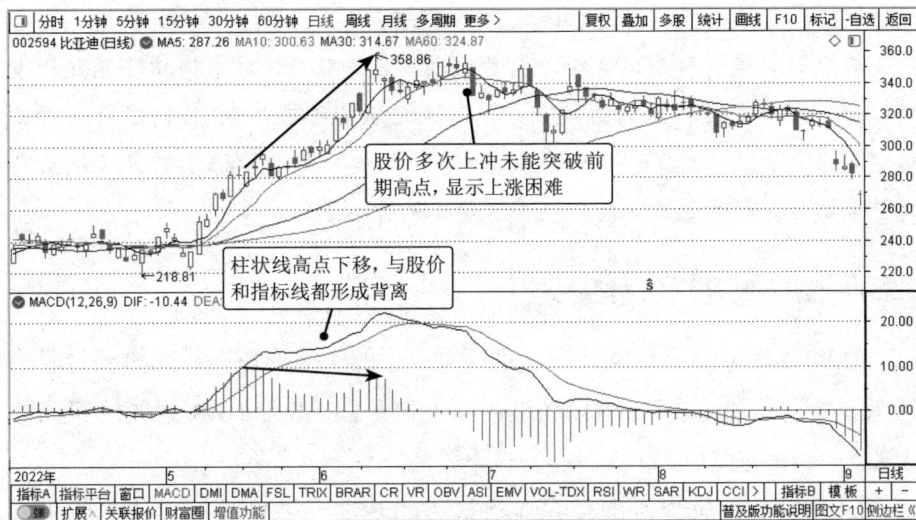

图 2-26　比亚迪 2022 年 4 月到 9 月的 K 线图

在后续近半个月的时间内，股价走势都十分积极。MACD 指标线在其带动下从零轴附近斜线拉升，MACD 红柱大幅拉长，配合着期的蛟龙出海释放出的强烈积极信号运行。

不过在接近 300.00 元价位线时，市场中积累的大量获利盘使得股价上涨压力骤增，于是在合适的位置进行了适当回调，促进场内浮筹交换，减轻后市拉升压力的同时也坚定场内持股者的看多信心。

在回调过程中，DIF 走平靠近 DEA，MACD 红柱也明显缩短。不过很快股价重拾升势，DIF 也再度向上远离 DEA，MACD 红柱跟随拉长。

然而随着股价不断创新高的步伐，DIF 和 DEA 虽有持续上扬，但 MACD 红柱的表现不尽如人意，其高点始终越不过前期，与指标线和股价都形成了背离。

这种背离一般是股价涨势减缓，即将进入滞涨的信号，但根据当前行情的表现来看，该股似乎并没有明显的下跌或是横盘迹象。因此，投资者可以不着急卖出，但一定要多加关注后续走势。

6 月上旬，该股在创出 358.86 元的新高后受阻横盘，MACD 指标中的 DIF 明显回落，数日后直接就跌破了 DEA，导致 MACD 红柱翻绿。这时的股价依旧处于滞涨阶段，没有下跌，但 MACD 指标的表现说明后市可能有反转风险，谨慎型投资者这时就应该止盈观望了。

直到6月底，股价二次上冲突破前期高点失败后，才表现出了明显的下跌趋势。K线多次收出大阴线下行，不久之后就跌破了30日均线。这时的MACD指标线早已转向下行，MACD绿柱持续拉长，印证了前期二次上升的警示信号，此时还未离场的投资者要抓紧时间了。

2.2.4　黑马飙升后红柱缩头

MACD指标的黑马飙升形态是一种典型的看涨形态，具体指的是股价急速上涨，带动MACD指标线迅速向上拉升，DIF与DEA之间的距离持续加大，DIF在MACD红柱的支撑下不断上扬。

然而其中也包含着指标线与柱状线的背离，一旦股价涨速跟不上，DIF就有可能逐渐与DEA靠近，导致MACD红柱在股价和指标线反转之前就出现缩头，形成背离，如图2-27所示。

技术图示　黑马飙升后红柱缩头

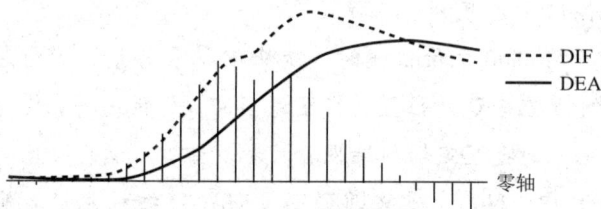

图2-27　形态示意图

这种背离对于投资者来说是一种很有效的提前预警信号。因为要让MACD指标形成黑马飙升形态，股价大概率是从横盘转为突然拉升的，股价短时间内的上涨速度需要非常快，自然交易情况下很难出现这种走势，所以主力参与的痕迹很明显。

从股市运行及主力盈利的规律来看，黑马飙升形态不会持续太长时间。一是因为市场在经过短时间快速飙升后需要通过下跌释放抛压，缓解卖盘压力；二是因为主力可能会借助这次突然的拉升来实现快速盈利，待到股价上涨到预期高度后大批卖出，导致价格骤然下跌。

因此，无论是出于何种原因，只要黑马飙升的形态有结束的迹象，MACD 红柱开始提前缩头时，谨慎型投资者就要做好准备卖出兑利了，即便股价能在后续实现再次拉升，也可以重新建仓。

激进型投资者若想进一步观察后市走向，可以再持有一段时间，但当 K 线跌破中长期均线时，最好还是先行卖出，避免被套。

下面根据实例进行解析。

实例分析 凯华材料（831526）红柱提前缩头

图 2-28 为凯华材料 2023 年 10 月到 2024 年 1 月的 K 线图。

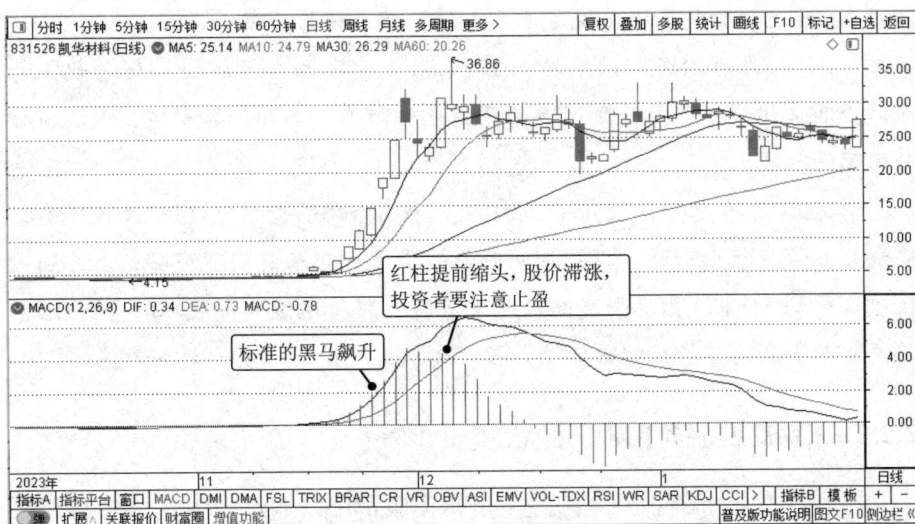

图 2-28　凯华材料 2023 年 10 月到 2024 年 1 月的 K 线图

在 2023 年 11 月中旬之前，凯华材料的股价几乎一直处于 5.00 元价位线附近横向震荡，波动幅度非常小，投资价值也不高，许多投资者并没有过多地关注该股。

但当 11 月中旬股价突然开始急速拉升后，市场明显受到吸引开始大力注资，其中显然有主力在参与推涨。与此同时，MACD 指标也从零轴附近拔地而起，DIF 在 MACD 红柱的支撑下迅速向上攀升，形成一个十分标准的黑马飙升形态。

这种情况在股市中并不多见，若投资者能及时反应过来，抓住机会低位建仓，将有机会在短时间内获得翻倍收益。不过后续股价转势下跌的速度也可能很快，投资者还要特别注意指标的警示信号。

11月底，该股的第一波上涨暂缓，K线收出大阴线后回调了数个交易日，这导致DIF上扬角度减缓，MACD红柱有所回缩。而当股价重新收阳上涨后，DIF也没有如之前那样明显拉升，因此，MACD红柱依旧保持着缩减状态，与持续上行的指标线形成背离。

黑马飙升后接红柱下降预示着股价涨速减缓，结合前面理论中可能存在的情况来看，股价有可能即将进入滞涨或是下跌，投资者要特别注意止盈点的选择。谨慎型投资者此时就可以卖出兑利了，毕竟从5.00元价位线附近上涨至30.00元，股价已经实现了多次翻倍，收益极为可观。

进入12月后不久，该股在创出36.86元新高的当日收出一根带长上影线的小实体阳线，这是一种经典的高位反转形态，名为倒锤子线，是股价冲高回落的表现。

再看后续的走势，股价长期被压制在30.00元价位线下方滞涨横盘，K线大多带有长上影线，说明期间股价多次上冲都未能实现突破，上方压力较重。待到MACD指标形成高位死叉下行，股价也最终跌破30日均线后，行情回归上涨的可能性就更低了，投资者最好还是应以卖出兑利为佳。

2.2.5 指标线持续下降，柱状线走平

指标线持续下降，柱状线走平是指在股价下跌的过程中，MACD指标线形成死叉后同步下行，DIF几乎与DEA平行，使得MACD绿柱走平的背离形态，如图2-29所示。

技术图示 指标线下降，柱状线走平

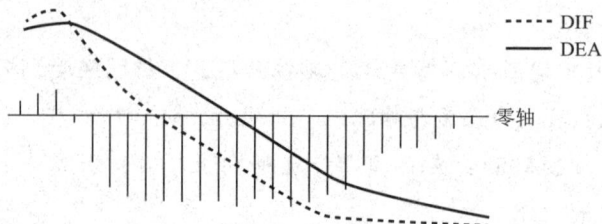

图2-29 形态示意图

这样的背离说明股价的下跌已经进入尾声，至少跌速减缓了不少。若股价能在某一位置企稳走平，DIF 又转而向上靠近 DEA，那么行情转势反弹或进入上涨的可能性还是存在的，投资者可以尝试抢反弹或借助这段上涨冲抵前期的损失。

不过在这样的行情中投资还是存在不小的风险，谨慎型投资者不要着急在反转当时买进，最好等到 K 线突破中长期均线后再买进。如果股价连这一压力线都无法越过，则说明此次反弹并没有那么值得参与，反倒帮助自己过滤了一次风险投资。

下面根据实例进行解析。

实例分析 安井食品（603345）指标线下降，柱状线走平

图 2-30 为安井食品 2023 年 12 月到 2024 年 5 月的 K 线图。

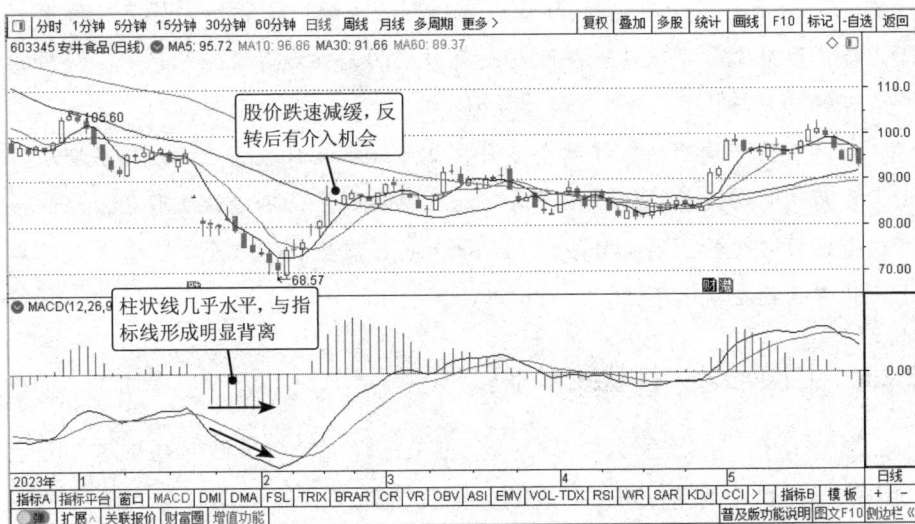

图 2-30　安井食品 2023 年 12 月到 2024 年 5 月的 K 线图

先来根据中长期均线的表现判断行情走势，不难看出安井食品前期正处于持续下跌过程中，中长期均线距离 K 线较远，说明前期下跌速度较快，幅度较大，场内外投资者参与这类个股都要格外注意风险。

在股价下跌过程中，MACD 指标线几乎一直处于零轴之下震荡运行。

在 2024 年 1 月下旬股价加速下跌的同时，MACD 指标线也有明显的向下转折，整体更加深入空头市场之中。

但观察 MACD 柱状线可以发现，当股价跌速减缓之后，MACD 绿柱几乎保持着水平运行，与持续下跌的感觉和指标线都形成了背离。从理论来看，这是股价可能筑底的前兆，不过此时的股价尚未出现止跌迹象，投资者还需等待时机。

进入 2 月后，该股终于在 70.00 元价位线下方止跌回升，并在后续数日接连上涨，表现出了反弹走势。同一时期，MACD 指标线也跟随反转向上，DIF 上穿 DEA 形成低位金叉，MACD 绿柱翻红并持续拉升变长，释放出买入信号。此时，激进型投资者可以尝试着在此轻仓介入，谨慎型投资者还是要等待更好的时机出现。

2 月下旬，股价上升到 30 日均线附近后成功将其突破，不过后续的涨速明显下降了不少，是受到 60 日均线压制的缘故。但股价的低点并没有下降太多，可见上升突破这一层阻碍是有希望的，投资者可继续持有，场外投资者可轻仓参与。

后续股价与均线纠缠了两个多月，才最终在 4 月底将压力线彻底突破。由于震荡的时间太长，许多投资者可能已经放弃了，不过此次股价上涨的幅度还是比较可观的，有约 43%（从 70.00 元上涨至 100.00 元），长久持有后卖出获得的收益也很不错。

2.2.6　二次死叉，柱状线未下移

MACD 指标线的二次死叉与二次金叉正好相反，是 DIF 在短时间内连续两次自上而下穿越 DEA 形成的，第二个死叉会低于第一个，不过两个死叉各自的高度不限。

而指标线二次死叉的同时柱状线未下移是指 DIF 与 DEA 在构筑二次死叉的过程中，第二波 MACD 绿柱的低点反而走平甚至上移，与股价和指标线下移的走势形成背离的形态，图 2-31 为 MACD 绿柱上移的情形。

技术图示 二次死叉，柱状线未下移

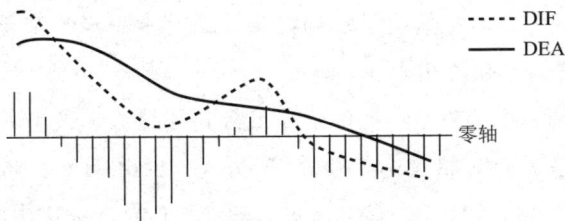

图 2-31　形态示意图

原本 MACD 指标线的二次死叉是一种消极的看跌形态，但回升的柱状线却预示出股价反弹或反转的可能。因此，投资者对待这一形态的方式应当是前期卖出止损避免被套，后期寻找时机低位建仓抢反弹，冲抵前期损失的同时，还有机会获得额外收益。

下面根据实例进行解析。

实例分析 中科创达（300496）死叉下行与柱状线抽脚背离

图 2-32 为中科创达 2021 年 6 月到 12 月的 K 线图。

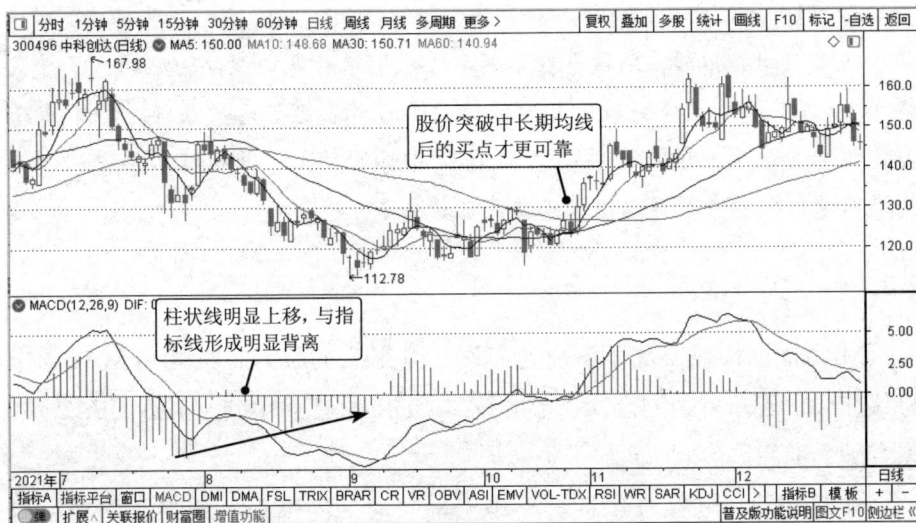

图 2-32　中科创达 2021 年 6 月到 12 月的 K 线图

在中科创达的这段走势中，股价于 2021 年 7 月上旬出现转势迹象，后

续逐步跌落到关键支撑线以下。在此期间，MACD指标线形成一个高位死叉后跟随下跌，不久之后就落到了零轴之下。这时市场中的信号都是消极看跌的，持股投资者需尽快卖出止损。

7月底，股价跌到130.00元价位线上得到支撑后形成了一次幅度比较大的反弹，直接导致DIF拐头向上越过了DEA。但由于中长期均线的支撑力已经转换为压制力，股价没能成功越过，因此，DIF也很快回归DEA下方，形成一个低位二次死叉。

显然，这是股价上冲失败即将转入下跌行情的表现，无论MACD绿柱后续会是怎样的情况，投资者都应当在此卖出，避开后市下跌。

待到清仓后投资者再来观察MACD指标可以发现，在二次死叉之后，DIF与DEA之间的距离明显拉近，MACD绿柱也相较于前期有大幅抬升。这说明股价后续的跌速得到了减缓，如果DIF持续靠近DEA，说不定行情会有再次大幅反弹的机会。

随着股价的数次震荡，DIF与DEA的距离确实在拉近，MACD绿柱持续缩短。9月初，股价在112.78元处触底后开始回升，带动DIF彻底向上突破DEA形成低位金叉，反弹即将到来。

随着时间的推移，股价也在不断向上试探中长期均线处的压制力，并最终于10月底彻底完成突破，开始强势向上拉升。可见此次反弹过程中市场多方推涨力度十分坚定，再加上MACD指标波动上行并越过零轴释放出的买进信号，投资者就可以借此机会建仓获利了。

2.2.7　二次下潜

MACD指标的二次下潜就是二次上升形态的翻转，指的是MACD指标线在股价震荡下跌的带动下形成死叉，DIF又在途中向上靠近DEA但并未突破，随后再度向下的形态。

在此期间，MACD绿柱会呈现出前长后短的情形，和二次死叉后绿柱上移的走势相似，与持续下跌的股价和指标线都形成背离，具体形态如图2-33所示。

技术图示 MACD 指标二次下潜

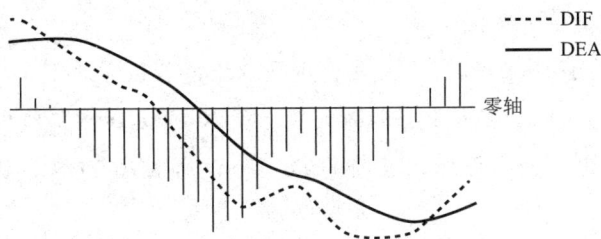

图 2-33　形态示意图

二次下潜形态与二次死叉后绿柱上移形态所代表的含义相似，都是股价下跌到后期卖盘下压力道不足，买方即将翻盘推动股价止跌甚至反转的看涨信号。因此，投资者的操作策略也是相似的，即在股价下跌过程中出局观望，待到反转确定后再介入做多。

下面根据实例进行解析。

实例分析 中孚信息（300659）指标线二次下潜，柱状线上升

图 2-34 为中孚信息 2022 年 7 月到 12 月的 K 线图。

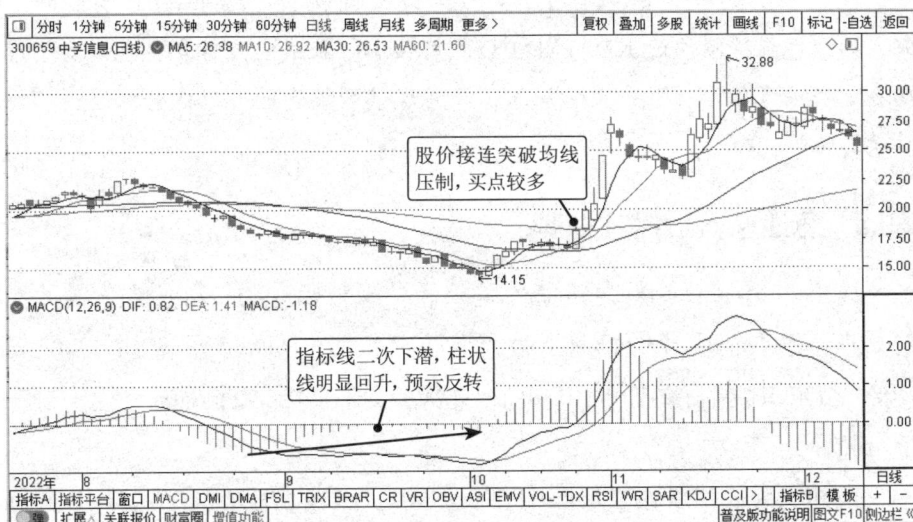

图 2-34　中孚信息 2022 年 7 月到 12 月的 K 线图

从图 2-34 中可以看出，中孚信息的股价从 2022 年 8 月初开始下跌，一

路跌穿中长期均线的支撑后，带动MACD指标线也跌破了零轴，进入空头市场之中，卖出信号明显。

在后续近两个月的时间内，该股几乎都维持着稳定的下跌状态，只是在跌破支撑线后，下跌幅度没有那么大了。所以MACD指标线也受到影响，DIF开始横向走平并靠近依旧下降的DEA，使得MACD绿柱明显抽脚，形成背离形态。

而随着股价后续的多次小幅收阳，DIF也在DEA下方小幅波动，但MACD绿柱依旧整体缩短，形成了二次下潜背离。根据行情整体情况来看，该股跌势尚未得到遏制，那么投资者就不要着急买进。

10月初，股价在15.00价位线下方止跌的次日就收阳上涨了，并在短短数日内成功突破30日均线。此时的MACD指标也在零轴下方形成了一个低位金叉后上行，MACD绿柱彻底翻红并拉升。

这是一个鲜明的看涨信号，前期一直在观望的激进型投资者可以迅速跟进，谨慎型投资者若认为买进尚早，风险比较大，则可以等待K线突破60日均线的时机。

10月底，这一时机来临了，K线连续大幅收阳冲破了60日均线的限制，后续也在持续快速上涨。MACD指标线和柱状线的强势表现也证实了市场在积极注资推涨，散户大量涌入，此时谨慎型投资也可以建仓跟进，抓住后续涨幅。

2.2.8　急速坠落后绿柱抽脚

这里的MACD指标急速坠落是与黑马飙升相对的一种形态，具体指的是在下跌行情中股价急速下行，带动MACD指标线向下转折，DIF与DEA之间的距离持续加大，DIF在MACD绿柱的压制下不断下行，看跌信号明显。

指标线与柱状线也在形态中存在背离，一旦股价跌速稍缓，DIF就有可能逐渐与DEA靠近，导致MACD绿柱在股价和指标线反转之前就出现抽脚背离，如图2-35所示。

技术图示　**急速坠落后绿柱抽脚**

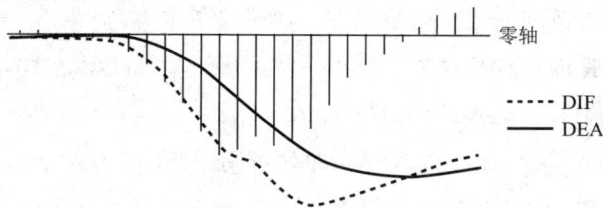

图 2-35　形态示意图

这种急速的下跌并不常见，因此与黑马飙升一样，场内很可能有主力在参与，至于其目的是出货还是压价，投资者还需根据实际情况来分析。不过最终应对策略还是先卖后买，如果后市走势不值得参与，也没有必要抢那一波反弹。

下面根据实例进行解析。

实例分析　**凤凰光学（600071）绿柱提前抽脚**

图 2-36 为凤凰光学 2022 年 5 月到 8 月的 K 线图。

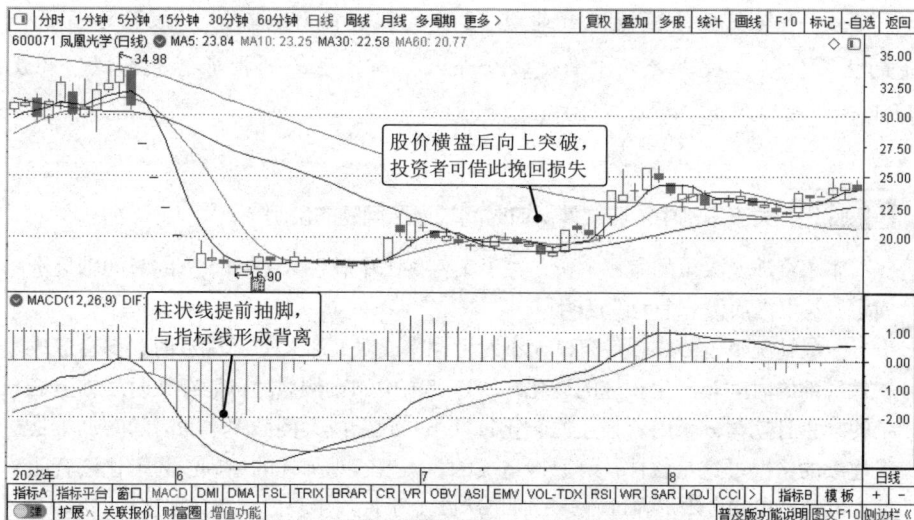

图 2-36　凤凰光学 2022 年 5 月到 8 月的 K 线图

在凤凰光学的这段走势中，中长期均线的表现已经清晰地告知了投资者，这是一段下跌行情。2022 年 5 月的上涨只是一次反弹，股价都没有越过

60 日均线的压制就转而下跌了。在此期间，MACD 指标线甚至都没能上升到零轴之上，可见市场消极程度较深，投资者不宜参与。

5 月底，股价突然开启了连续的一字跌停，单日跌幅达 10% 的情形持续了整整 5 个交易日，短期跌幅超过 50%。

如此暴跌也导致 MACD 指标立即转折向下，DIF 跌破 DEA 后紧贴着不断拉长的 MACD 绿柱向下运行，形成了急速下坠形态。多方面信息结合来看，凤凰光学可能受到了某种消极因素影响导致价格暴跌，场内投资者大批量抛盘，场外投资者则切忌接盘。

6 月初，股价终于开板交易，但依旧无法挽回短期暴跌带来的影响，开始在低位横向震荡。观察 MACD 指标可以发现，MACD 绿柱在股价开板的第一天就明显抽脚，后续更是随着横盘行情持续缩短，最终在 6 月中旬翻红上升，DIF 与 DEA 也转向上涨。

但此时的股价依旧在低位横盘，因此，指标传递出的买进信号有所失真，究其根本还是股价前期跌幅实在太大。投资者在看不到明确上涨迹象时，最好不要轻易参与。

待到该股在后续缓慢上升越过 30 日均线并回踩不破后，该股才有了一定的投资价值，投资者可以尝试轻仓介入，前期被套的投资者也可以借此反弹冲抵一部分损失。

拓展知识 关于案例中炒股软件窗口时间轴显示问题的说明

本书会涉及大量的案例解析，关于案例截图中软件 K 线图下方的时间轴显示问题，这里提前做一个大致说明。

一般情况下，炒股软件窗口大小发生调整或对 K 线图进行缩放时，都会造成软件底部的时间轴发生相应的变化，所以，书中的案例截图可能存在时间轴上显示的起止日期与分析内容描述的起止日期不一致，或案例截图中的时间间隔不是很连续的情况。这是软件自身原因造成的，本着客观陈述的原则，为了让读者能够更准确地查阅，本书在进行分析时仍然以实际 K 线走势的起止日期进行描述。

除此之外，A 股沪深股市的交易时间为每周一到周五，周六、周日及国家规定的其他法定节假日不交易，所以，炒股软件中的 K 线图时间轴仅显示交易日的价格情况。

第 3 章

MACD指标外部走势背离

MACD指标与外部走势的背离主要体现在MACD指标的构成要素与K线走势和分时走势的背离，这类背离是最重要，也是最能体现MACD指标研判作用的技术，对于确定顶底买卖点有很好的辅助作用。

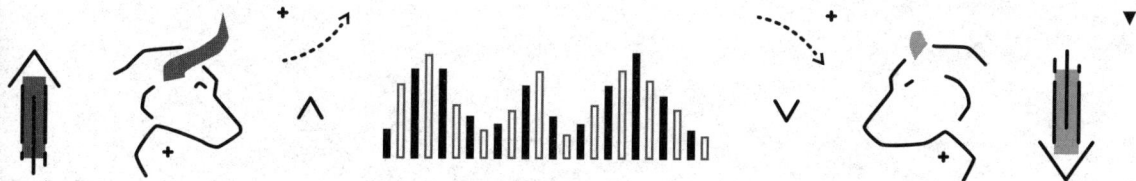

3.1 MACD 指标与 K 线走势背离

MACD 指标与 K 线走势的背离十分常见，无论是柱状线还是指标线，在某些特殊情况下都难免与股价走势发生不匹配的情况。尤其是在顶底反转的位置，MACD 指标的背离形态更能体现出绝佳的辅助研判效果。

本节就针对一些常见且有效的 MACD 指标与 K 线的背离形态进行解析，帮助投资者更好地确定建仓、加仓点和止盈、止损点。

3.1.1 顶部隔山背离

MACD 指标与股价的隔山背离是一种非常典型且有效的顶部反转形态，其中不仅涉及了 MACD 指标的变化，还涉及了 K 线构筑出的筑顶形态——头肩顶。

头肩顶是股价在高位形成的顶部形态，由三个波峰和两个波谷构成，中间的波峰最高，为形态的头部；两侧的波峰稍低，且高度相当，形似两边的肩膀。

隔山背离指的就是在头肩顶左肩处，股价还有上涨空间，DIF 运行于 DEA 之上，MACD 柱状线呈红色；但在右肩处，股价已经转入下跌，DIF 跌到 DEA 以下，MACD 柱状线就会翻绿，进而与前期的 MACD 红柱形成背离，如图 3-1 所示。

技术图示 顶部 MACD 指标隔山背离

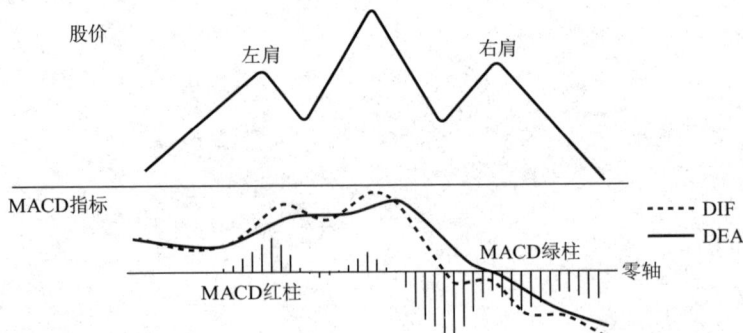

图 3-1 形态示意图

在标准的隔山背离中，右肩处的反弹是不足以带动 DIF 上穿 DEA 的，因此，MACD 绿柱会从头肩顶的头部一直延续到右肩乃至之后。但在有些时候，右肩处的反弹幅度较大，DIF 就有可能短暂突破 DEA，导致 MACD 绿柱短暂翻红，右肩构筑完毕后 MACD 红柱会再度翻绿。

这种情况下的形态虽然也能被称作隔山背离，但信号强度会有所下降。不过对于谨慎型投资者来说，即便是非标准的卖出信号也足以起到警示作用，及时止损才有机会获得正收益。

并且股市中除了 MACD 指标以外还有大量可供分析的对象，投资者可结合多方信息综合研判，更精准地定位卖点。

下面来看实际的案例解析。

实例分析 *ST 嘉寓（300117）头肩顶与隔山背离

图 3-2 为 *ST 嘉寓 2021 年 6 月到 10 月的 K 线图。

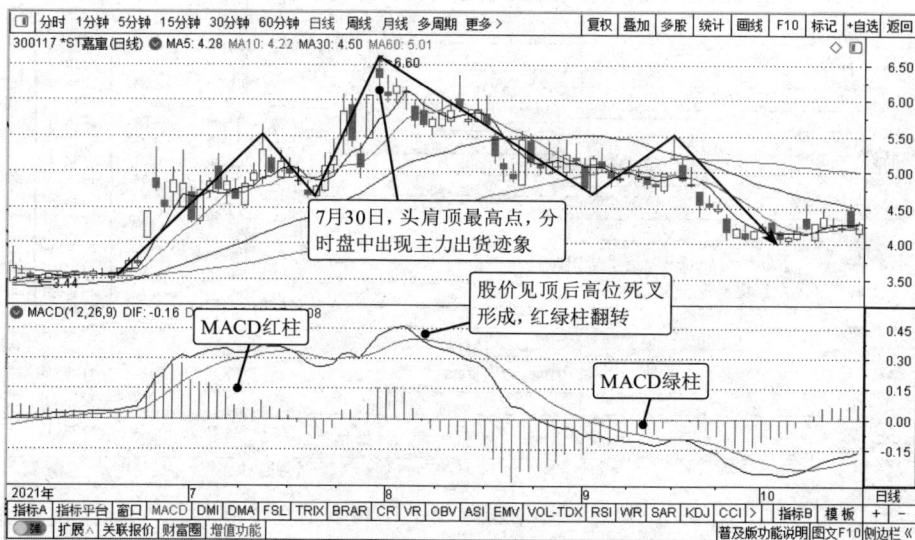

图 3-2　*ST 嘉寓 2021 年 6 月到 10 月的 K 线图

先从前往后分析 *ST 嘉寓的这段走势，可见该股是从 2021 年 6 月下旬开始大幅拉升的，并且初始拉升的速度就极快。这使得 MACD 指标线立即转折向上，DIF 在 MACD 红柱的支撑下持续抬升，形成黑马飙升形态，看涨信号明显，大量投资者在此处跟进。

这种突兀的拉升一般都是主力参与的表现，投资者需要格外注意股价上涨到高位后主力的出货时机。

数日之后，股价在 5.00 元价位线上方受阻后横盘滞涨，MACD 红柱明显缩头产生背离，说明该股正在整理。不过在下跌迹象并不明显的情况下，投资者可以不着急卖出。

7 月初，股价短暂上冲后小幅回调，最后在 30 日均线上方得到支撑重拾升势，很快便以更快的速度冲上了 6.00 元价位线。此时的 MACD 指标也被带动重新上行，DIF 回归 DEA 之上，MACD 柱状线翻红。

不过在 7 月 30 日股价冲破 6.00 元压力线的同时，盘中出现了明显的主力出货迹象，下面来看当日的分时走势。

图 3-3 为 *ST 嘉寓 2021 年 7 月 30 日的分时图。

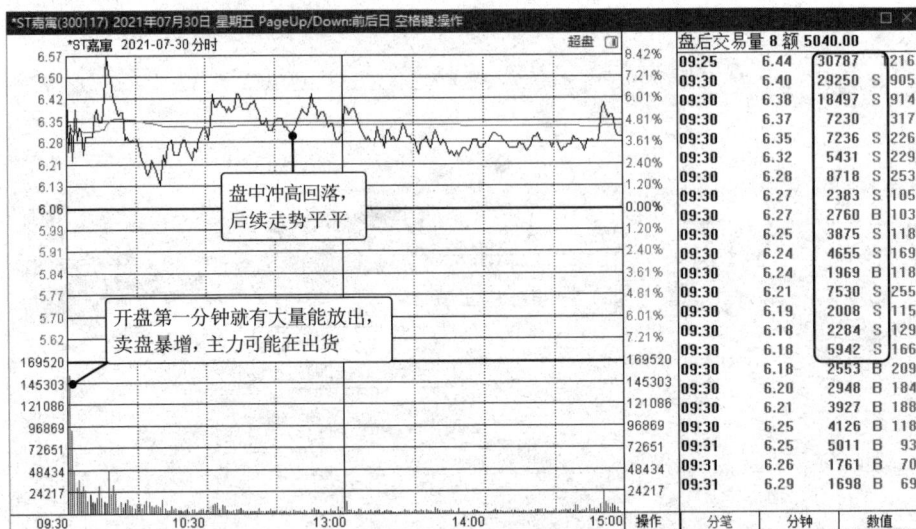

图 3-3 *ST 嘉寓 2021 年 7 月 30 日的分时图

在 7 月 30 日的分时图中，该股开盘后围绕均价线横向震荡了数分钟。看似没有什么特别值得分析的点，但投资者只要注意观察下方的成交量柱和右侧的分笔交易数据窗口就可以发现，在开盘的第一分钟，市场中就出现了大批的卖单。

而股价之所以没有跳水下跌，还是主力在后续有一定的注资提价，这才维持住了价格的稳定。如果投资者没有细心观察或是没有注意到这里的异常，可能就会认为股价依旧会如以往那样上升，进而继续持有甚至加仓，这样就在无形之中承接了主力散出的筹码，助其出货。

在震荡数分钟之后，股价线出现明显拉升，这就是吸引投资者挂买单的手段。很快股价冲高回落，当日后续的走势也是偏向于横向震荡，最终以稍高的价格收盘。

细心的投资者在接收到这一警示信号后，再来观察 K 线图中后续的走势就更能发现问题。该股在 7 月 30 日之后就开始逐步下跌，很快就带动 MACD 指标形成高位死叉，MACD 柱状线翻绿。

8 月初，股价还有过一次小幅上冲，但明显突破前期高点失败，短时间内回升希望渺茫。

8 月下旬，股价跌到 60 日均线附近后得到支撑横向震荡，并于 9 月中旬跳空向上试图突破压制，可惜最终失败回归下跌，构筑出了一个清晰的头肩顶形态。

这时再来观察 MACD 指标不难看出，自从头部反转后，MACD 绿柱就一直在持续形成，只在股价止跌横盘期间有所缩短。然而股价的跳空反弹也没能带动 DIF 突破 DEA，二者只是短暂接触后就再次向下分离，MACD 绿柱与前面左肩处的红柱形成了隔山背离。

其实没有隔山背离投资者也能看出行情的走弱，前期股价多次反弹突破失败及彻底跌破中长期均线的表现，已经证实了下跌行情的到来。此时还未离场的投资者需要尽快卖出止损，以免深度被套。

3.1.2　指标线顶背离

MACD 指标线的顶背离是该指标最为有效的预警形态之一，具体指的是股价的高点在上涨行情中逐步上移，但 DIF 的高点却出现下移的背离走势，如图 3-4 所示。

技术图示 **MACD 指标线顶背离**

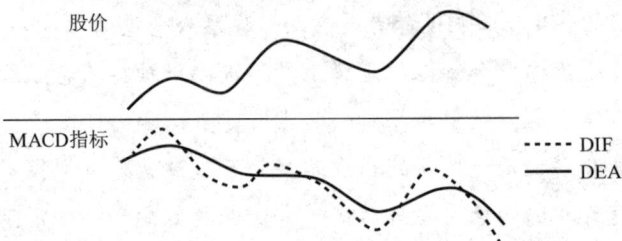

图 3-4　形态示意图

　　顶背离的出现往往意味着市场追涨的积极情绪已经开始消退，股价的涨势相较于前期也有所减缓，不断创出新高的走势无法维持太久。因此投资者的操作策略是及时在下跌前止盈，或是在观察到股价确实转势后跟随市场卖出止损。

　　一般来说，只要股价和 MACD 指标线有一个点位运行方向不匹配，就可以认定为顶背离成型了。如果背离出现后股价还能继续上升，MACD 指标线高点依旧下移，那么即便顶背离的反转预示作用没有立即得到体现，其警示效果也一直存在，只是股价下跌的位置更难确定，投资者需结合其他因素分析。

　　下面来看实际的案例解析。

实例分析 **信息发展（300469）指标线顶背离卖出信号**

　　图 3-5 为信息发展 2023 年 2 月到 7 月的 K 线图。

　　在信息发展的这段走势中，股价前期的上涨还是非常积极的，K 线自 2023 年 2 月逐步加快上涨步伐，在均线组合的支撑下逐步向上攀升，越到后期涨速越快。

　　在此期间，MACD 指标线早已运行到多头市场之中，并且还在 3 月底到 4 月初股价小幅回调的过程中形成了一个空中缆绳形态，MACD 红柱的高点也在上移，整体呈现出向好的积极信号，早期买进的投资者获利机会和空间是很大的。

　　4 月中旬，该股上涨至 24.00 元价位线附近后受阻滞涨数日，短暂向上

冲破后拐头下跌。初始较快的跌速使得 MACD 指标线跟随转折向下形成了
高位死叉，MACD 柱状线翻绿。

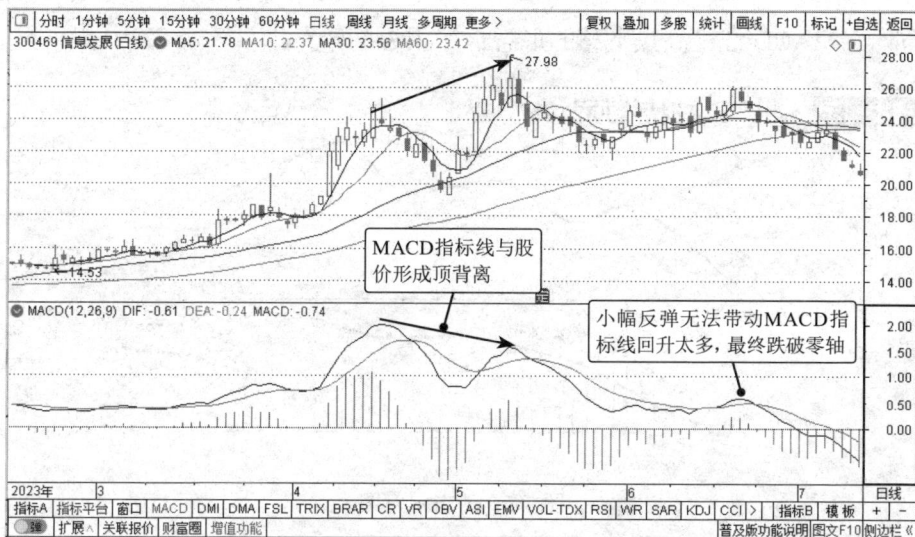

图 3-5　信息发展 2023 年 2 月到 7 月的 K 线图

不过该股于 4 月底就在 30 日均线上得到支撑回归上涨了，可见这只是
一次幅度较大的回调。后续 DIF 也回到 DEA 之上，继续随着价格的上涨而
向上运行。

但进入 5 月后不久，股价冲破前期压力线来到 28.00 元价位线附近时，
MACD 指标中的 DIF 高点却相较于前期出现明显的下移，与创出新高的股
价形成了鲜明的指标线顶背离。

这是一个十分标准的 MACD 指标线顶背离，投资者完全可以从中感受
到市场推涨动力的下降。那么当股价收阴下跌，DIF 跌破 DEA 形成一个位
置更低的二次死叉时，谨慎型投资者就要及时收手卖出了。

根据后续的走势来看，该股在落到 30 日均线上后依旧能够得到支撑，
但最终也只是在其上方小幅震荡，没能再有更高的突破。

到了 6 月下旬，股价冲击 26.00 元压力线失败后接连跌破两条中长期均
线，更加证实了下跌行情的到来。再加上 MACD 指标的第三次死叉和跌破
零轴的表现，惜售型投资者此时也不能停留了。

3.1.3　柱状线顶背离

MACD 柱状线的顶背离与指标线的顶背离相似，是指股价高点上移的同时，MACD 红柱高点下移的形态，如图 3-6 所示。

技术图示　MACD 柱状线顶背离

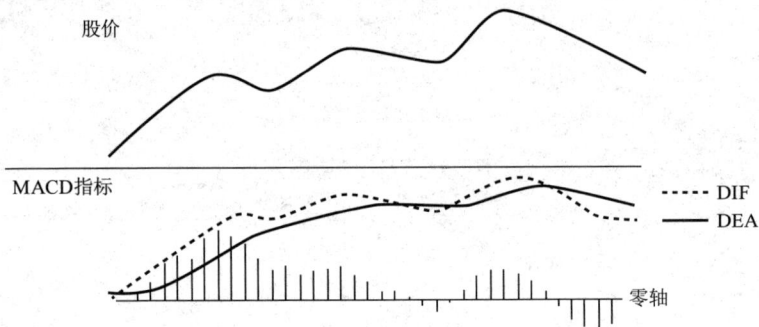

图 3-6　形态示意图

在 MACD 柱状线顶背离时，指标线不一定会与股价产生背离，只是 DIF 与 DEA 之间的距离拉近了而已，因此其反转信号相较于指标线顶背离要弱一些，可以用作警示，但要用来确定卖点就比较单薄，有时候信号还会失真，反而耽误持仓者扩大获利空间。

所以投资者在发现 MACD 指标线配合着股价上涨，但柱状线却有背离出现时，就要尝试着多分析场内的情况和主力意图，比如主力是否参与，是否可能在某些位置出货，成交量有没有异常变动等。如果在这些方面发现了不对，MACD 柱状线又给出预警，投资者就要考虑是否需要提前出局。

当然，即便投资者最后判断失误，在上涨的半山腰卖出了，待到股价重拾升势后再建仓也来得及，总比长期惜售高位被套强。

下面来看实际的案例解析。

实例分析　海南发展（002163）柱状线顶背离卖出信号

图 3-7 为海南发展 2022 年 3 月到 8 月的 K 线图。

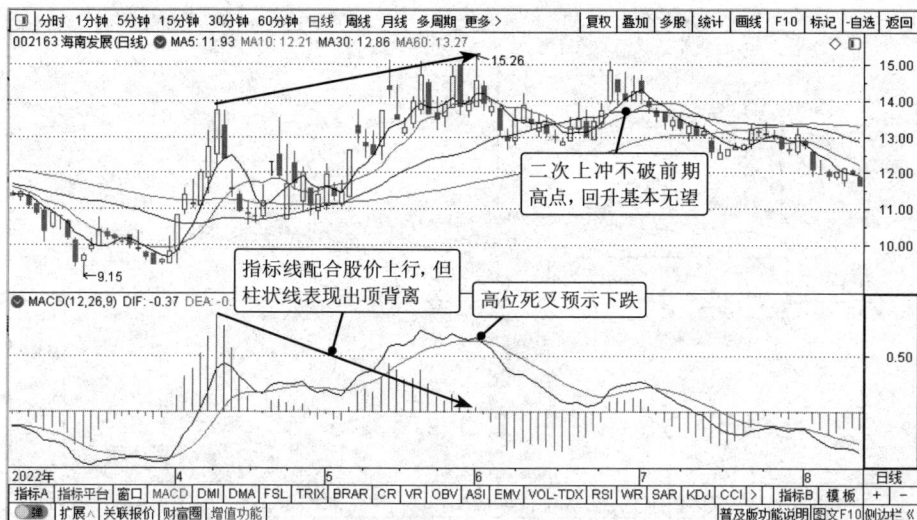

图 3-7　海南发展 2022 年 3 月到 8 月的 K 线图

　　观察海南发展的这段 K 线走势，可见股价前期是处于下跌之中的，在 2022 年 3 月触底后才形成一波比较强势的上涨。4 月初，股价的连续拉升带动 MACD 指标很快从零轴下方"出水"，进入多头市场之中，MACD 红柱也有大幅拉长，积极信号明确，散户纷纷建仓。

　　在接触到 14.00 元价位线后，股价回调整理，落在 30 日均线上横向震荡。这时的 DIF 也明显回落到 DEA 附近，并与之纠缠、多次穿越，其间的买卖信号失真，投资者可不着急卖出。

　　进入 5 月后，股价再度上冲，成功在数日后冲到了 15.00 元价位线上创出新高。MACD 指标线也跟随上扬形成配合，但 MACD 红柱却在股价创新高的同时出现明显缩减，与之形成顶背离。

　　单单根据 K 线走势和 MACD 指标线的表现来看，此次柱状线的顶背离警示信号显得并不急迫，许多投资者甚至不会理会这样微弱的预警，依旧长期持有。但其实投资者只要仔细复盘并分析场内局势，就能发现明显的异常。

　　下面通过 K 线走势与成交量的对比来观察场内主力参与情况。

　　图 3-8 为海南发展 2022 年 3 月到 7 月的 K 线图。

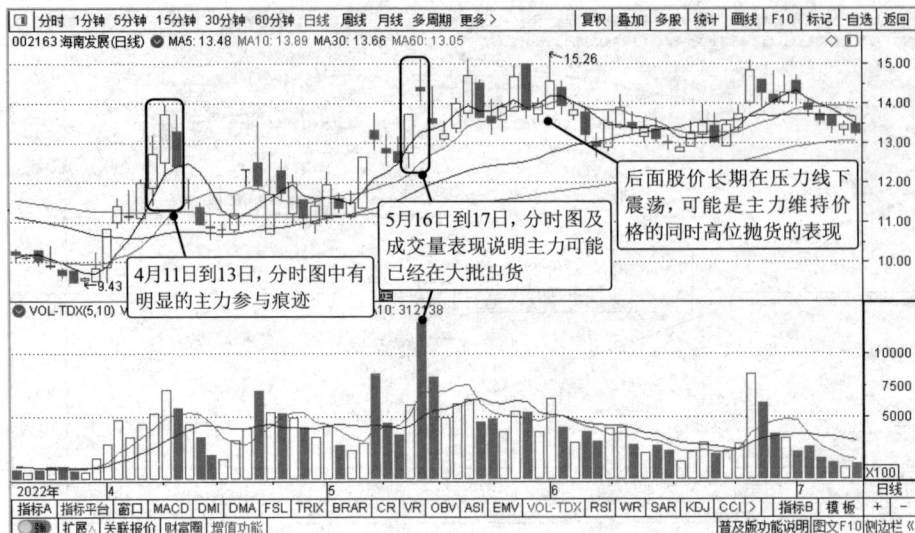

图 3-8　海南发展 2022 年 3 月到 7 月的 K 线图

继续观察复盘前期走势，投资者可以发现，在 4 月上旬第一波拉升的过程中，成交量相较于前期有明显的放大，这是主力参与的表现之一。而在 4 月 11 日到 13 日这三个交易日的分时走势中，主力的操作有更清晰的表现。

图 3-9 为海南发展 2022 年 4 月 11 日到 13 日的分时图。

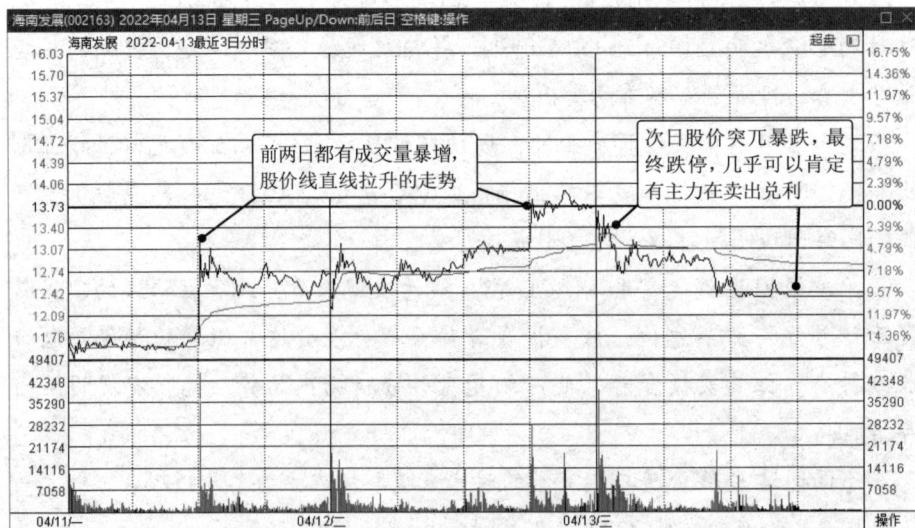

图 3-9　海南发展 2022 年 4 月 11 日到 13 日的分时图

先来看 4 月 11 日和 12 日，即依旧处于上升阶段的两个交易日。它们的分时走势中都有一个相同的特点，那就是股价都在某一时刻被大量柱直线推涨向上，在短时间内完成了大幅拉升。

这种走势是典型的主力注资推升表现，毕竟自然交易下几乎不会出现一分钟内集中大量挂出同方向交易单的情况，因此投资者可以断定场内有主力参与，那么就要警惕其后市的出货行为。

4 月 13 日是股价第一波上涨见顶后收阴下跌的交易日，从其分时走势中可以看到，该股自开盘后就出现了震荡式的下跌，并且第一分钟的量能也不小。随着时间的推移，股价越来越向跌停板靠近，在数次被大卖单压制跳水后，该股最终还是以跌停收盘。

主力显然是在当日卖出了大批筹码，但目的并不一定是出货。一是因为股价上涨持续时间太短，获利幅度不够，主力更可能是在借此震仓，清洗掉一些不坚定的短期获利盘，待到浮筹充分交换后，更多留在场内的是看好后市的力量，有助于减轻下一波拉升的压力；二是主力也需要在中途适当回笼资金，实现良性流转，避免不可控风险。

因此，分析这三个交易日的作用就是帮助投资者认清主力的参与程度，以及解释后续股价上涨后场内的异动。

回到图 3-8 中观察，该股在后续震荡过程中多次收出带有长上影线的阴线，并且在收阴的当日量能明显增长，次日价格也有所下跌，很有可能是主力多次震仓、回笼资金的表现。而且越是高位的阴线，量柱越大，投资者有必要考虑主力是否已经开始分批出货。

下面来看量柱最高的 5 月 17 日及前一个交易日的分时表现。

图 3-10 为海南发展 2022 年 5 月 16 日到 17 日的分时图。

在 5 月 16 日，股价还处于整体上升状态，下午时段开盘后主力还大力推涨了一把，使得股价线直接冲上涨停板封住，直至收盘。

到了 5 月 17 日，该股以高价开盘后依旧被大量能直线推升，一分钟后就冲到涨停板上。但观察股价涨停后盘中的挂单情况，不难看出主力正在大批量散出筹码，在 9:40 之后更是以大卖单砸开涨停板，让市场重新开始活跃起来。

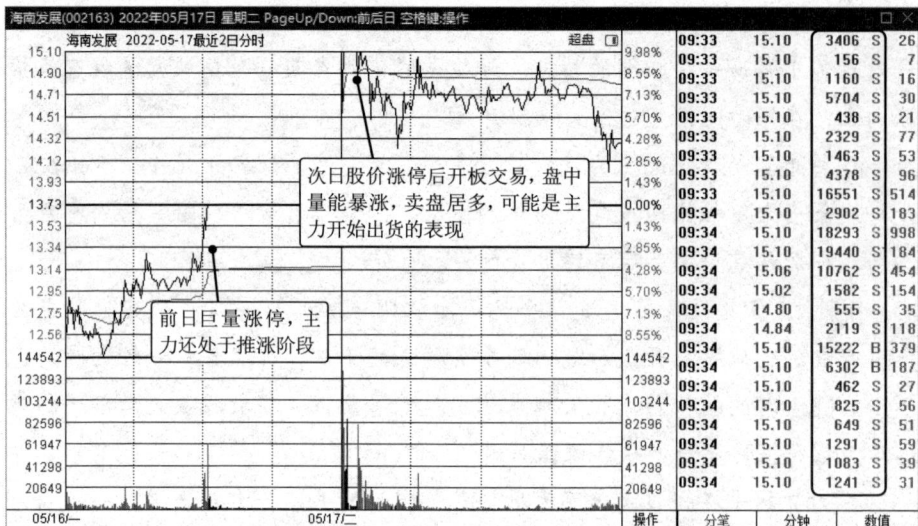

图 3-10　海南发展 2022 年 5 月 16 日到 17 日的分时图

而即便是如此多的卖单也没能让股价下跌太多，除了散户追涨热情太过高昂，买入价格居高不下以外，也不排除是主力在时不时注资提价，将其维持在高位好趁机分批出货。

因此，当投资者发现 K 线图中后续量能明显缩减，股价却也没有大幅下跌，反而在 14.00 元价位线上横盘震荡时，就要及时反应过来，这大概率就是第二种情况，即主力在维持价格的同时高位抛货。

再结合图 3-7 中 MACD 红柱的顶背离，以及 6 月初股价跌下 14.00 元支撑线后 MACD 指标构筑出高位死叉的走势，投资者就不难看出下跌即将到来了，及时止盈出局成为最佳选择。

而没有分析出这些信息的投资者，在发现股价于 6 月下旬再次上冲却没能突破前期高点，反而跌破中长期均线，MACD 指标也形成一个位置更低的二次死叉时，也要及时醒悟，迅速卖出止损。

3.1.4　高位单阴背离

MACD 指标的单阴背离指的是在股价波动上涨的过程中，MACD 指标原本在随之上行，但某一时刻 K 线突然收出大阴线导致价格翻转，

MACD 指标线却还没来得及转向的背离，如图 3-11 所示。

技术图示 顶部 MACD 指标单阴背离

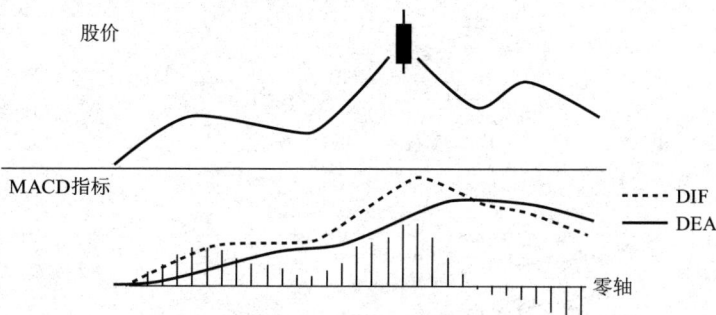

图 3-11　形态示意图

　　单阴背离其实主要观察的是 K 线走势，如果股价在上涨到高位后突然拉出大阴线，就很有可能是主力在大批出货，或是市场中出现了重大利空消息导致投资者大量集中抛售。总之，股价在后续大概率会进入回调或是下跌，是一种反转信号。

　　在这种情况下，无论 MACD 指标线和柱状线在前期是否与股价形成过背离，投资者都需要特别关注场内的交易数据或是分时走势，看其中是否有主力参与的痕迹。多方面综合分析得出危险结论后，最好还是先行止盈离场，即便错过了后市的拉升也可以重新建仓。

　　下面来看实际的案例解析。

实例分析 南方传媒（601900）单阴背离卖出信号

　　图 3-12 为南方传媒 2023 年 3 月到 9 月的 K 线图。

　　来看南方传媒的这段走势，在 2023 年 4 月上旬，该股开始逐步向上攀升并远离中长期均线，呈现出积极的拉涨。与此同时，MACD 指标线也从零轴上方不远处持续上升，一路深入多头市场，还与持续拉长的 MACD 红柱构筑出黑马飙升的形态。

　　在这一时期，市场看涨推动的情绪是比较稳定和热烈的，因此投资者完全可以跟随建仓，抓住这一波涨幅收益。不过也正是由于股价短时间内上涨速度太快，主力参与推动的可能性极大，投资者也需要警惕其出货行为，尤其是当股价上涨到较高位置时。

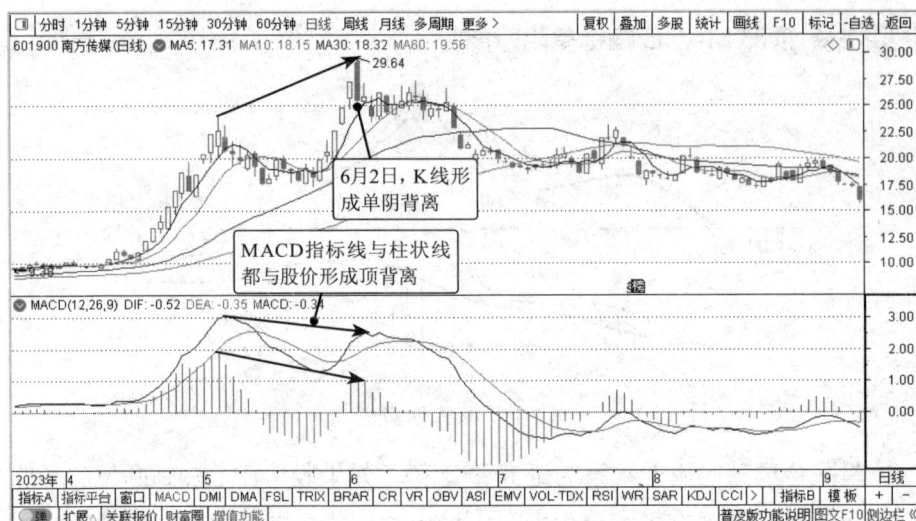

图 3-12　南方传媒 2023 年 3 月到 9 月的 K 线图

5月初，该股在 25.00 元价位线下方受阻后回调整理了一段时间。此次回调幅度不算小，因此 MACD 指标线也跟随回落并形成高位死叉。不过股价并未跌破 30 日均线的支撑，前期上涨持续时间也不长，因此主力很可能还有下一波拉升的计划，投资者可不着急卖出。

5月底，股价再度收阳上涨，此次涨速相较于前期更快，MACD 指标线迅速跟随向上转折形成金叉，MACD 红柱不断拉长。但就在一切进程看似顺利时，K 线突然在 6 月 2 日收出了一根大阴线，实体长度可谓近期之最，甚至比拉升过程中的阳线实体都要大，明显是一个单阴背离。

也正是受到此次收阴下跌的打断，MACD 指标线没能继续向上拉升，MACD 红柱长度被限制住，相较于 5 月初有明显的缩短，形成了柱状线顶背离。不仅如此，DIF 的高点也没能实现上移，与创出新高的股价形成指标线顶背离。

双重顶背离加上 K 线突兀收阴形成的单阴背离，投资者即便不观察场内交易数据都可以基本断定后市股价的走弱了。不过保险起见，投资者还是要进入当日的分时走势中仔细分析。

图 3-13 为南方传媒 2023 年 6 月 2 日的分时图。

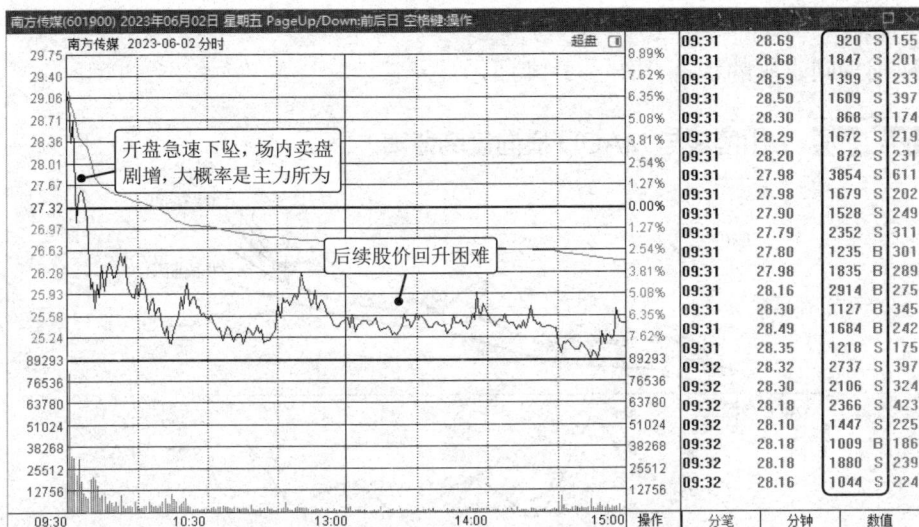

图 3-13　南方传媒 2023 年 6 月 2 日的分时图

在 6 月 2 日开盘后，南方传媒的股价就出现了跳水式的下跌，并且开盘前两分钟内，右侧的分笔交易数据栏中挂出大量卖单，大概率是主力出货的表现。

后续长时间内股价反复震荡，但都距离均价线较远，更没有突破的迹象，可见主力出货的力度之大，而且也没有注资继续维持价格。所以，K 线图中后续可能很快会进入下跌，谨慎型投资者还是以出局为佳。

回到 K 线图中观察，股价倒是没有立即下跌，而是在 25.00 元价位线上横震荡了一段时间，最终跌破关键支撑线。MACD 指标线也在此期间形成高位死叉下行，前期警示信号得到彻底确认，此时还未离场的投资者要及时卖出止损。

3.1.5　K 线上山爬坡，MACD 横向震荡

上山爬坡形态是 K 线与均线配合形成的持续性看涨形态，具体表现为 K 线和短期均线在长期上扬的中长期均线的支撑下逐步向上爬升，有时还会呈现出规律的波浪形。这种形态说明当前行情正处于稳步上升期，持续时间越长，形态释放出的买进信号就越强。

但也正是因为构筑时间一般较长，MACD 指标线在此期间不可能没有

限制地一直跟随上行。所以在经过早期的抬升后，MACD 指标线可能会呈现出横向走平的状态，如图 3-14 所示。

技术图示 上山爬坡与 MACD 横向震荡背离

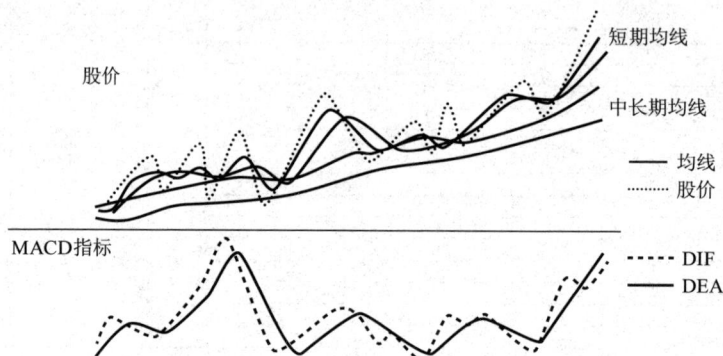

图 3-14　形态示意图

这样二者虽然会产生背离，但 MACD 指标传递出的并非警示信号，只是受指标原理限制，无法持续上升而已。

投资者在摸不准上山爬坡形态中的买点时，就可以借助 MACD 指标线的震荡走势来辅助寻找。中长线投资者可以在低位买进后长期持有，通过观察 MACD 指标线的震荡幅度和死叉形成后的走向来判断上山爬坡形态何时结束；短线投资者则可以借助 MACD 指标的金叉和死叉进行频繁的波段操作，低买高卖，从而降低长久持股的风险。

需要注意的是，在上山爬坡形态中，除了 MACD 指标线，K 线状态也是投资者应当重点关注的一环。在形态构筑的过程中，K 线偶尔也会小幅跌破中长期均线，但只要在短时间内回到上方，上山爬坡的形态就能够延续。但如果 K 线彻底跌破中长期均线，形态就会失效，投资者也要考虑卖出。

接下来用真实的案例来验证理论。

实例分析 紫金矿业（601899）上山爬坡与 MACD 横向震荡

图 3-15 为紫金矿业 2020 年 7 月到 2021 年 4 月的 K 线图。

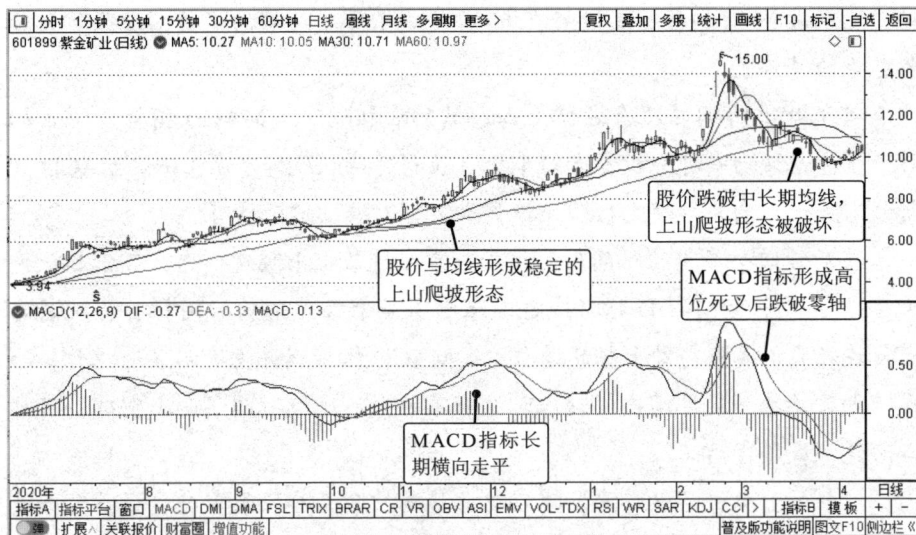

图 3-15　紫金矿业 2020 年 7 月到 2021 年 4 月的 K 线图

从图 3-15 中可以看到，紫金矿业的这一波牛市行情持续时间不短，从 2020 年 7 月初开始到 2021 年 4 月，价格从 4.00 元价位线附近涨到最高 15.00 元，涨幅达 275%，在股市中已经是非常罕见的了。

下面就来看看这段时间内 MACD 指标有怎样的表现，投资者又该如何利用指标和上山爬坡形态寻找买卖点。

首先观察股价起涨的位置，在 2020 年 7 月之前，该股还维持在 4.00 元价位线附近横向震荡。但很快，随着主力的推动和市场的回暖，股价开始逐步向上攀升，涨速日渐加快，带动 MACD 指标线迅速从零轴附近向上抬升，形成了黑马飙升形态。这时，一直在关注该股的投资者就可以迅速抓住时机低位建仓。

在上涨到 6.00 元价位线附近后，股价受阻横盘一段时间，后续重回上涨后的涨速慢了许多，但稳定性极好。此时的中长期均线已经跟随上扬并承托在 K 线和短期均线下方，上山爬坡形态成型。

不过 MACD 指标的表现有些弱势，因为前期股价涨速过快，所以后期放缓步伐后，MACD 指标线有所下滑，二者形成了顶背离。而指标的警示信号也在 9 月得到了验证，股价在 6.50 元价位线上受阻滞涨一段时间后回调下跌，还跌破 30 日均线，不过好在 60 日均线给予了足够的支撑，没隔多久股价就重拾升势了。

可见此次回调并没有破坏上山爬坡的积极信号，MACD 指标线给出的预示信息也帮助一部分投资者短期抛盘获利。待到股价重新上涨，MACD 指标线形成低位金叉再度上行后，投资者又可以继续建仓持有。

在后续四个多月的时间内，该股一直维持着上山爬坡形态，股价起伏更大了一些，导致 MACD 指标线也在跟随上下震荡。若将时间拉长，投资者可发现在股价高点持续上扬的过程中，MACD 指标线并没有明显地拉升，而是长期维持在一定区间内波动，既没有下跌太多也没有明显向上突破，可见二者是形成了背离。

这样的背离并不是坏事，借助这些清晰的金叉和死叉形态，投资者买进卖出的操作还更加容易一些，获利机会也会更多。

不过在 2021 年 2 月，MACD 指标线有明显突破前期震荡高点的走势。这是因为股价短时间内突然出现了与前期的稳定上涨不同的走势，K 线连续收阳并向上跳空，在短短数日内从 10.00 元价位线附近冲到 15.00 元上，涨幅高达 50%，这才使得 MACD 指标线有了明显突破。

不过在牛市行情持续如此长时间后形成的急速拉升，有可能是主力推高价格吸引散户入场接手筹码的表现，因此投资者要格外关注后市走向，同时不要轻易加仓。

果然，股价在创出 15.00 元新高的次日就收阴下跌，后续数日更是跌速极快，带动 MACD 指标线形成一个高位死叉后持续下行，最终在 3 月上旬跌破零轴，也跌破了前期的横向震荡区间。

股价此时已经失去了中长期均线的支撑，上山爬坡形态被破坏，卖出信号明显，投资者需尽快出局，以保住前期收益。

3.1.6 K 线横向震荡，MACD 明显上升

K 线横向震荡，MACD 明显上升的背离很好理解，就是股价在某一价格区间内走平整理的同时，MACD 指标线转而上升的形态，具体如图 3-16 所示。

技术图示 股价横向震荡，MACD 指标线上升

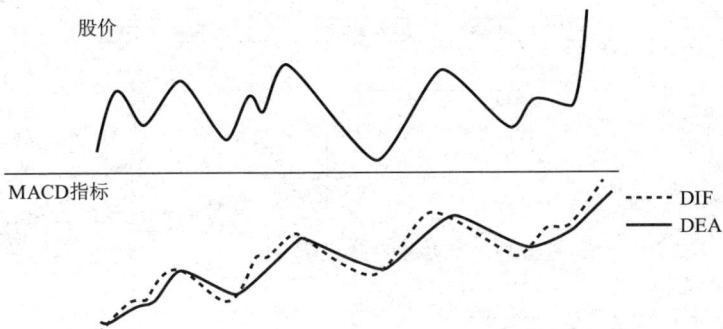

图 3-16　形态示意图

这样的形态成因一般是股价前期下跌时间太长或是速度太快，MACD 指标线长期跟随低位震荡，待到价格突然企稳横盘，指标线就会受计算公式影响而产生异常上扬，形成背离。

一般情况下，这种背离并不会预示出明显的变盘信号，仅仅代表股价跌势减缓而已。投资者可将其当作止损点看待，建仓的风险就太高了，毕竟股价长期处于下跌之中，后市整理完毕继续下行的概率比较大。

但在有些时候，股价确实会形成一定的反弹，MACD 指标线会进一步跟随抬升。这就要投资者仔细分析场内局势，观察 K 线与中长期均线之间的位置关系了，只要 K 线能够成功越过中长期均线的压制，那么这一波反弹就值得参与，只是投资者的建仓力度不能太大。

接下来用真实的案例来验证理论。

实例分析 汇顶科技（603160）股价走平，MACD 指标线上升

图 3-17 为汇顶科技 2022 年 4 月到 8 月的 K 线图。

从汇顶科技这段走势中中长期均线的表现来看，该股前期的下跌幅度比较大，导致 K 线与中长期均线之间的距离较远，MACD 指标线也长期在零轴下方运行，可见市场长期看跌。

2022 年 4 月底，该股在 49.50 元处触底后开始收阳，不过也只是小幅反弹到 60.00 元价位线附近就横向震荡了。受此刺激，MACD 指标线开始大幅向上拉升，形成一个低位金叉后持续上行，并且在后续股价长期走平的过程

中保持着上升，与之形成背离。

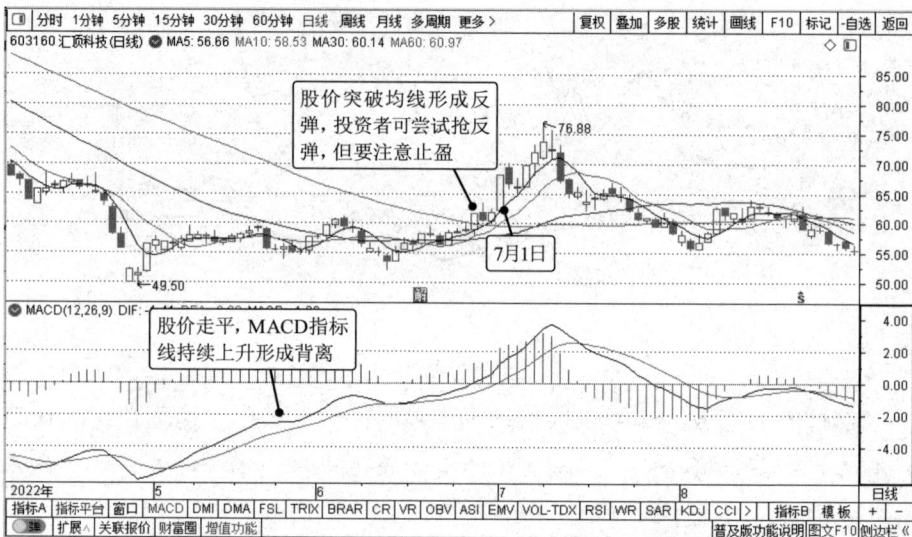

图 3-17　汇顶科技 2022 年 4 月到 8 月的 K 线图

学习了理论知识的投资者应该明白，这是股价企稳的表现，并不意味着后市一定会形成强势反弹，因此不可着急建仓。

随着中长期均线的持续下压，K 线与 60 日均线之间的距离越来越近，说明变盘时机不远了，股价要么受均线压制继续下跌，要么成功实现突破，拉出一波反弹，所以投资者也要特别关注。

6 月底，股价在接触到 60 日均线后收出阳线成功将其突破，说明后续确实有反弹形成。MACD 指标线也在同一时期冲到零轴上方，配合股价形成了积极的抢反弹信号，有意向的投资者可迅速建仓。

数日之后，也就是在 7 月 1 日，股价强势拉升形成涨停，彻底明确了此次反弹的信号，下面来看当日的分时走势。

图 3-18 为汇顶科技 2022 年 7 月 1 日的分时图。

从图 3-18 中可以看到，该股在 7 月 1 日开盘后上涨了一段距离，随后便长期在均价线上方横向震荡。看似与前面几个交易日的走势并无不同，但到了接近 14:00 时，盘中突然开始集中放量，在 13:59 甚至还出现了一根鹤立鸡群的大量柱将股价直线上推，直至涨停。

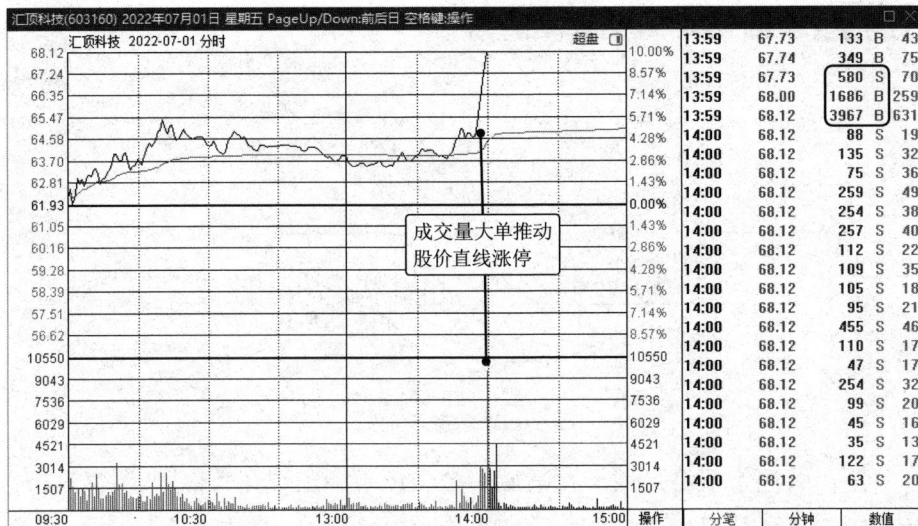

图 3-18 汇顶科技 2022 年 7 月 1 日的分时图

观察右侧的分笔交易数据窗口可以看到，这是场内两笔大买单推涨形成的。单是在涨停价，也就是 68.12 元上挂出的一单金额就达到了 2 702.32 万元（3 967×100×68.12），这很有可能是主力或是其他机构投资者促成的，可见股价有上涨潜力，投资者买进有机会获利。

回到 K 线图中观察，该股在此之后依旧保持着上涨，虽然在 76.88 元处就止住了脚步，但短期涨幅也不小，对于抢反弹的投资者来说算是比较有价值的。当然，前提是投资者要注意及时兑利卖出。

3.1.7 底部隔山背离

底部隔山背离是 K 线形态与 MACD 指标组合形成的，这里的 K 线形态指的是头肩底，即股价在下跌到一定位置后企稳震荡，连续三次下跌又三次被拉起，形成的一个两肩稍高，头部最低的筑底形态。

在形态左肩位置，股价尚未彻底止跌，所以 DIF 依旧位于 DEA 下方运行，MACD 柱状线呈绿色。待到股价在头部反转，DIF 上穿 DEA 后，右肩处的 MACD 柱状线就会转变为红色，由此与前期左肩处的绿柱形成背离，如图 3-19 所示。

底部 MACD 指标隔山背离

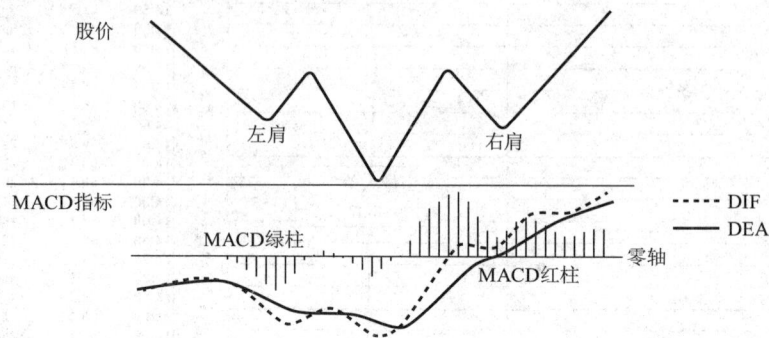

图 3-19　形态示意图

隔山背离不仅会形成于行情反转位，还可能出现在大幅回调的底部，不过传递出的信号都是一致的，即股价即将筑底回升。若盘中还有其他积极信号辅助分析，投资者就可以借此低位建仓，抓住后续涨幅。

接下来用真实的案例来验证理论。

实例分析 **永兴材料（002756）头肩底与隔山背离**

图 3-20 为永兴材料 2022 年 3 月到 7 月的 K 线图。

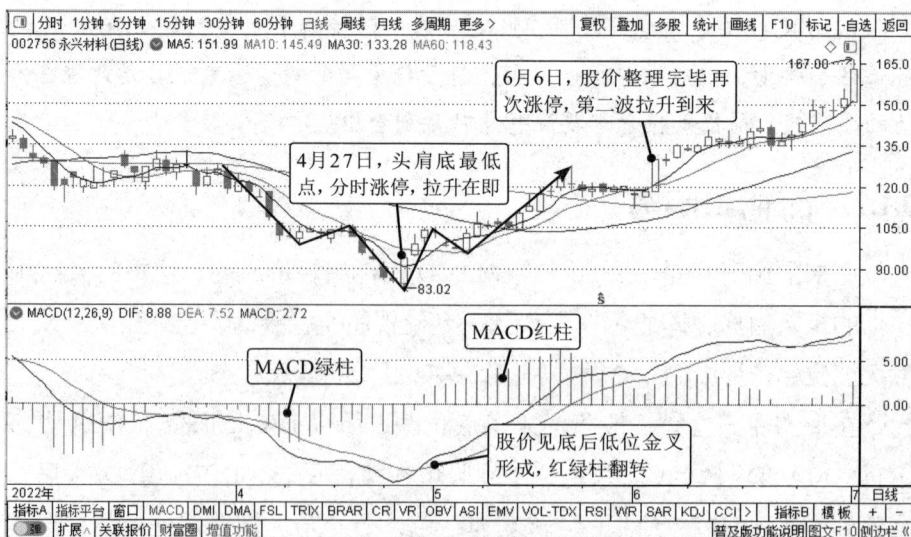

图 3-20　永兴材料 2022 年 3 月到 7 月的 K 线图

从图 3-20 中可以看到，永兴材料正处于涨跌趋势转换的过程中。从中长期均线和 MACD 指标线的表现来看，该股应当转势下跌没多长时间，因为 2022 年 3 月前期的 MACD 指标线还处于零轴之上，股价也是从高位下跌的，一路跌破中长期均线的支撑来到低位。

4 月初，股价在 105.00 元价位线附近得到支撑后横向震荡了一段时间，不过由于震荡幅度太小，已经跌到零轴下方的 MACD 指标线并未表现出明显的回升迹象，DIF 只是稍有走平，MACD 柱状线依旧呈绿色。

数日之后股价继续下跌，这一次最低落到 83.02 元上才停住，不过在创新低的当日就大幅收阳拉升，下面来看当日的分时走势。

图 3-21 为永兴材料 2022 年 4 月 27 日的分时图。

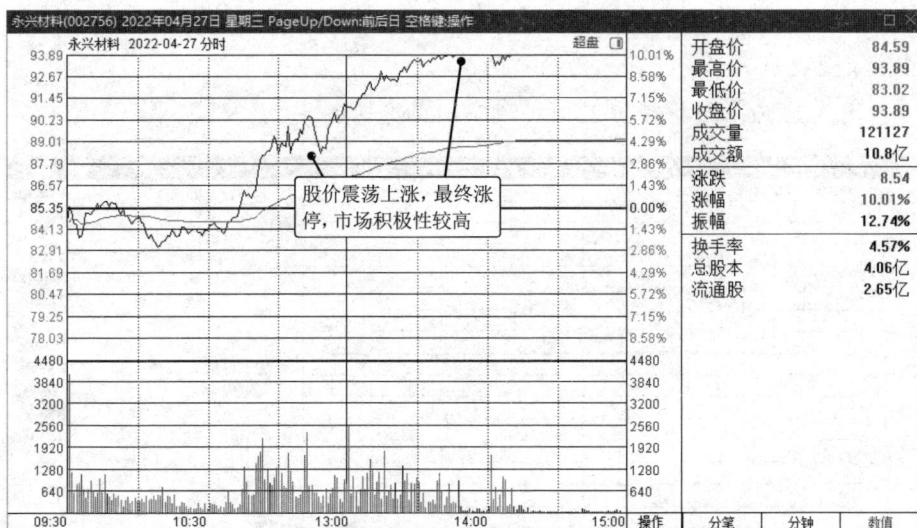

图 3-21　永兴材料 2022 年 4 月 27 日的分时图

在 4 月 27 日开盘后，股价并未表现出明显的趋势性，而是沿着均价线横向震荡了一个多小时，直到 10:30 之后才开始向上拉升，并且涨速极快。到了下午时段，股价更是很快涨停，最终以大阳线报收。

回到 K 线图中观察，这种在连续下跌后收出的涨停大阳线一般是主力注资通知市场开始追涨的表现，短时间内后市基本是看好的。再加上后面几个交易日内股价持续上行，带动 MACD 指标线在零轴之下形成低位金叉，激进型投资者可以尝试轻仓买进。

在连续上涨三日后，该股在 105.00 元价位线附近受阻并小幅回调，回调低点踩在 10 日均线上，随后便继续拉升。此时投资者已经可以看出一个头肩底形态了，毕竟形态的两肩和头部都已经出现。

观察 MACD 指标也可以看到，自从形成金叉后，DIF 就一直位于 DEA 上方，即便股价回调也没有影响到持续拉长的 MACD 红柱，进而与头肩底左肩处的 MACD 绿柱形成隔山背离。

如此清晰的隔山背离进一步证实了前期的上涨信号，也提醒投资者可以继续加仓，未入场的投资者立即建仓即可。

从后市的走势可以看到，该股在上涨到 120.00 元价位线附近，也是突破 60 日均线后进行横向整理，然后在 6 月 6 日出现了再次的涨停拉升，盘中成交量也有异动，下面来看当日的情况。

图 3-22 为永兴材料 2022 年 6 月 6 日的分时图。

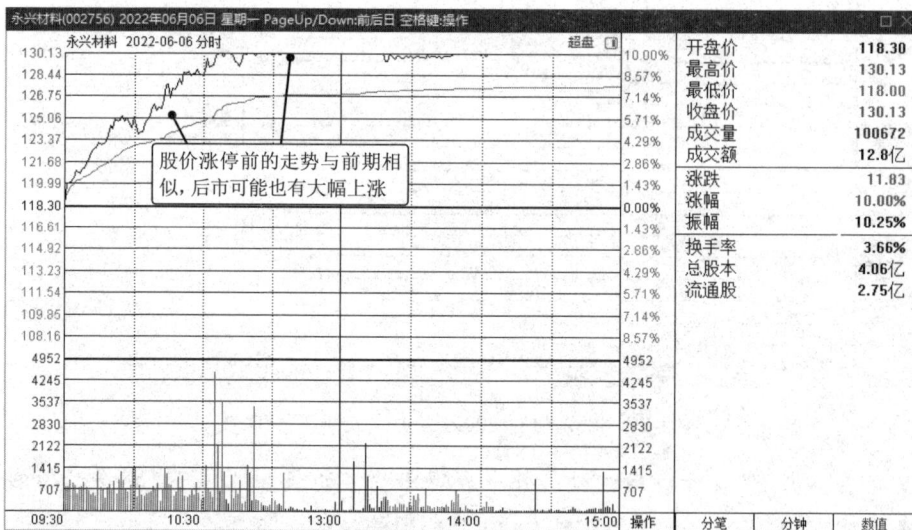

图 3-22　永兴材料 2022 年 6 月 6 日的分时图

6 月 6 日的股价表现比起 4 月 27 日来说更加强势，从开盘后就在持续斜线上涨，一个小时后就在成交量大量柱的推动下接触到涨停板，成交量的异动也证实了主力推涨的积极性。

后续股价虽有多次开板交易，但始终离涨停板不太远，给了散户注资建仓的机会。最终该股也是以涨停收盘，说明下一波拉升即将到来，投资者可以做好准备迎接后市收益。

3.1.8　指标线底背离

MACD 指标线的底背离与顶背离相对应，指的是股价的低点在下跌行情中持续下移，但 DIF 的低点却反而上移的背离形态，如图 3-23 所示。

技术图示 MACD 指标线底背离

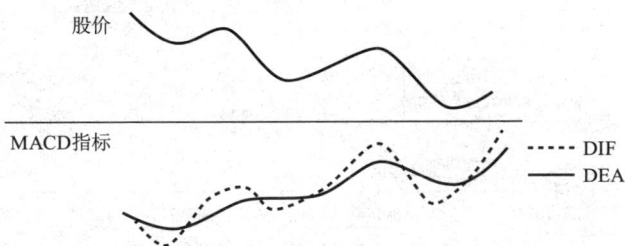

图 3-23　形态示意图

这是股价即将下跌触底，后市有机会形成强势反弹甚至行情反转的表现。如果底背离是在回调低位形成的，将会更有说服力。

不过投资者最好还是在股价彻底反转上涨之后再买进，底背离形成期间的买进成本虽然低，但风险较大。毕竟不是所有的 MACD 指标线底背离形成后股价都能按部就班地上涨，只是概率高一些，这种风险在大部分的技术分析形态中都存在。

要知道股市中影响价格变动的远不止技术面信息，主力的参与、基本面消息的释出、政策的变动等，都可能导致股价不按投资者分析出的方向运行，所以盈利才会如此艰难。

而且普通投资者的信息获取渠道较少，实际操作中太过急迫就容易落入主力的圈套，因此股市操盘还是建议以稳妥为佳，宁愿少一些收益也不要深度被套。

接下来用真实的案例来验证理论。

实例分析 云天化（600096）指标线底背离买入信号

图 3-24 为云天化 2021 年 12 月到 2022 年 4 月的 K 线图。

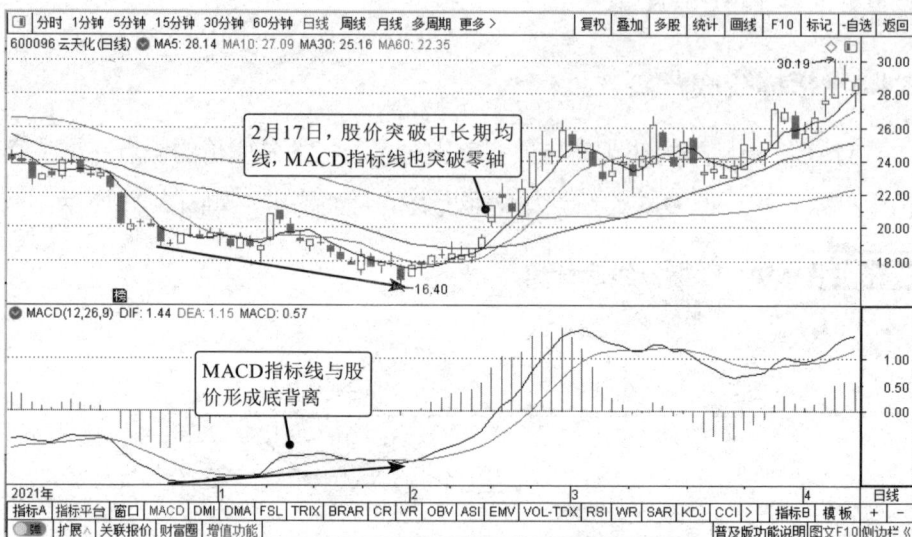

图 3-24　云天化 2021 年 12 月到 2022 年 4 月的 K 线图

来看云天化的股价走势，前期的下跌趋势可以说是比较稳定，K 线长期被压制下跌，其间有过多次反弹但都未能成功突破 30 日均线，因此并没有太大的投资价值，投资者留在场外观望即可。

在 2021 年 12 月底到 2022 年 1 月底的两次下跌和一次反弹中，MACD 指标线跟随形成震荡。但很明显，在股价第一次止跌和第二次止跌的位置，MACD 中的两条指标线都是有明显上升的，与低点下移的股价形成了指标线底背离形态。

不仅如此，MACD 指标线在 1 月初形成低位金叉上行后，在 1 月底股价再度下跌的带动下回落时，DIF 与 DEA 几乎横向纠缠在一起，形成的是海底电缆的雏形，与底背离一同释放出股价即将上涨的信号。

不过此时股价尚未成功向上突破中长期均线的压制，不知道后市是否能够有强势反弹或上涨，投资者还不能着急买进。

进入 2 月后不久，K 线持续收阳缓慢上升，逐步越过 30 日均线后以一根向上跳空的阳线成功上穿 60 日均线，实现了前期未有的突破。而冲破阻碍的当日，也就是 2 月 17 日的分时走势中也有关键信息。

图 3-25 为云天化 2022 年 2 月 17 日的分时图。

图 3-25　云天化 2022 年 2 月 17 日的分时图

该股在 2 月 17 日开盘后就形成了震荡式的上涨，虽然震荡频率较高，但低点是一直在上移的，可见市场一直在助推。在 10:11，盘中突然挂出巨量买单将股价直线上推，最终封板收盘。

虽然在涨停后场内卖单也很多，但大概率是主力在大量注资后短暂回笼资金的表现。毕竟仅仅是在涨停当时挂出的一单达到 142 417 手的买单，成交额就高达 30 349.06 万元（142 417×100×21.31），要想继续支撑后续的拉升，回笼部分资金也是有必要的。

回到 K 线图中观察可以看到，MACD 指标在股价突破 60 日均线后也越到了零轴之上，海底电缆形态成型的同时，进一步确认了前期底背离的买进信号，此时投资者就可以大胆建仓入场。

3.1.9　柱状线底背离

MACD 柱状线底背离指的是在股价低点下移的过程中，MACD 绿柱低点却向上抬升的背离形态，如图 3-26 所示。

技术图示 **MACD 柱状线底背离**

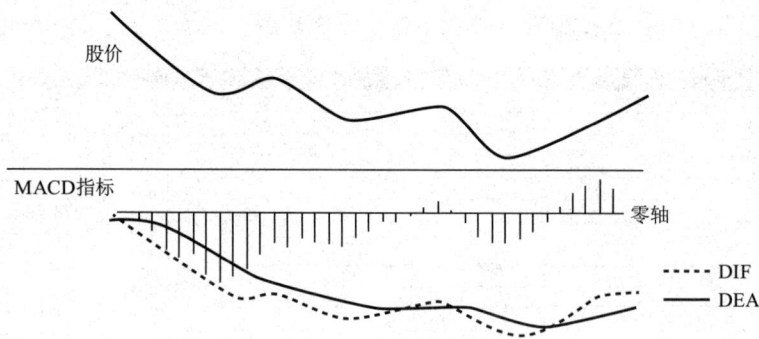

图 3-26　形态示意图

　　与 MACD 柱状线的顶背离一样，底背离形成时，MACD 指标线可能还在持续下行，只是 DIF 与 DEA 之间的距离在拉近，所以反转信号不如指标线的底背离强，投资者在参与时也要更加小心，避免提前入场被套。

　　接下来用真实的案例来验证理论。

实例分析 **诺思兰德（430047）柱状线底背离买入信号**

　　图 3-27 为诺思兰德 2023 年 6 月到 11 月的 K 线图。

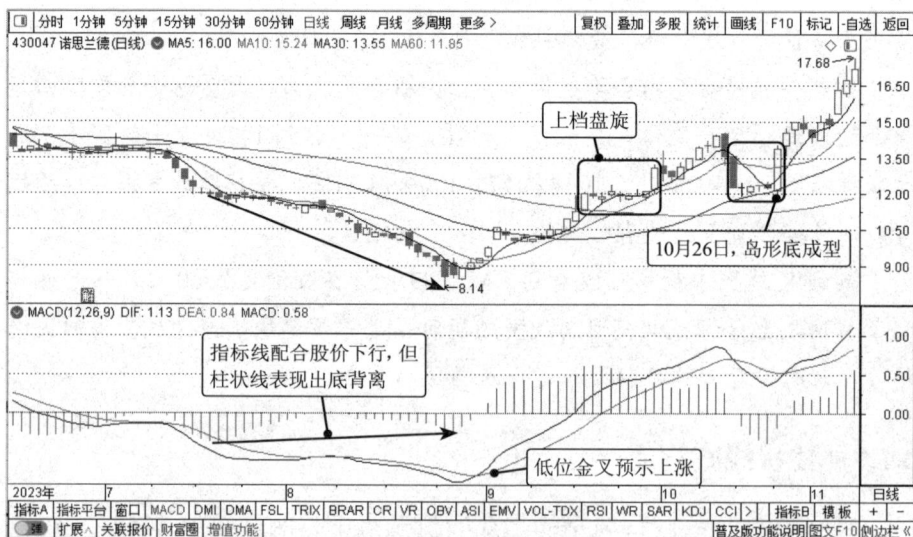

图 3-27　诺思兰德 2023 年 6 月到 11 月的 K 线图

诺思兰德的股价走势很清晰，前期下跌过程中价格几乎没有形成过有效反弹，所以 MACD 指标线长期在零轴下方运行，DIF 与 DEA 也长期跟随股价下滑，并未表现出异常背离。

但只要深入观察 MACD 柱状线就会发现，随着股价低点的持续下移，DIF 与 DEA 之间的距离并没有越拉越开，导致 MACD 绿柱的低点有了明显上移，与股价形成柱状线底背离。

这一背离形态其实在 8 月上旬就能够被观察到，那时的股价在 10.50 元价位线上短暂停滞，低点相较于前期有明显下移。而当时的 MACD 绿柱已经出现了缩减，并与之形成底背离。

既然单凭 MACD 绿柱的底背离无法确定股价止跌反转的确切时机，甚至无法确定股价是否能够形成上涨，那投资者就不能轻易买进，这时应当采用的策略是保持观望。

8 月底，该股的下跌终于有了停止的迹象，股价在 9.00 元价位线上横向震荡数日后开始逐日收阳上升，五个交易日后接触到 30 日均线，其间还带动 MACD 指标线形成一个低位金叉后斜线拉升。这时的股价表现出了一定的反弹潜力，激进型投资者可以尝试轻仓介入。

进入 9 月后，股价沿着 30 日均线的运行轨迹整理一段时间后重拾升势，开始冲击 60 日均线。不出意外的是，60 日均线也被成功突破，随后股价在 12.00 元价位线上横向小幅震荡到 9 月底，才再度大幅收阳拉升，进入下一段上涨之中。

单看这段时间 K 线的走势，突破 60 日均线的长实体阳线、中间横向震荡的小实体 K 线及最后一根突破横盘上边线的长实体阳线，一同构成的是一个典型的 K 线看涨形态——上档盘旋，这是股价即将进入下一波上涨的标志，对于谨慎型投资者来说是很好的建仓点。

而此时的 MACD 指标也表现出了配合走势，两条指标线相继越过零轴并深入多头市场之中。虽然由于股价涨势的减缓导致 MACD 红柱有所缩减，但观察整个行情走势，大部分投资者是看好该股的。

10 月上旬，股价形成的一次突兀下跌回调也算是印证了 MACD 红柱缩减的警示信号。不过股价没有跌破 30 日均线，而是在其上方横盘数日后凭借一根大阳线一举回冲到高位并重归上涨，与前期的大阴线和低位横盘小K线组合形成了又一个典型看涨形态——岛形底。

而且在后面一根大阳线的分时走势内也有明显的看涨信号，下面来看当日的分时图。

图 3-28 为诺思兰德 2023 年 10 月 26 日的分时图。

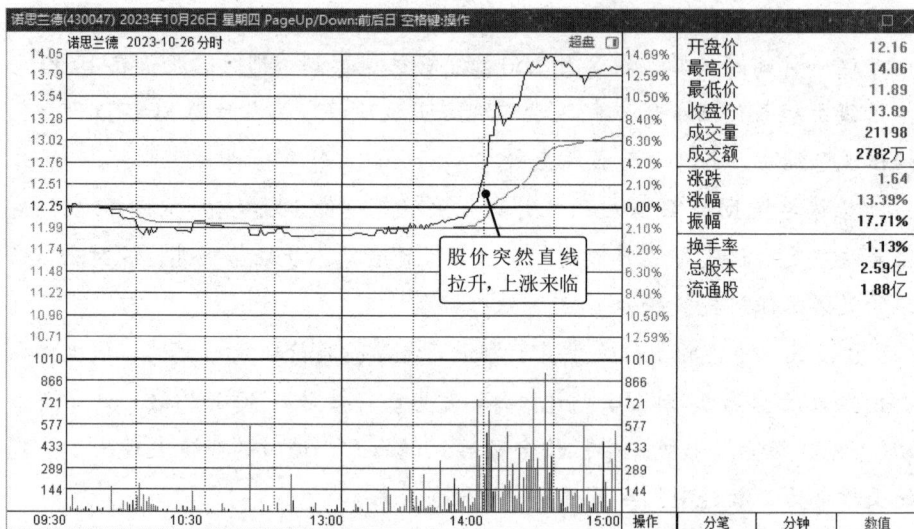

图 3-28　诺思兰德 2023 年 10 月 26 日的分时图

10 月 26 日正是股价大幅收阳拉出岛形底的交易日，从图 3-28 中可以看到，该股前期的走势也是长期横盘小幅震荡，与 K 线图中低位震荡的小K 线并无太大差别。

但在接近 14:00 时，场内开始集中放量，股价迅速转折向上，短短半个小时内就冲到了最高 14.06 元处。结合 K 线图中 MACD 指标线的高位金叉和 K 线岛形底来看，该股即将迎来下一个上升期，投资者可继续持有甚至加仓。

3.1.10　低位单阳背离

低位单阳背离是指股价在下跌到一定位置后止跌并突然收出一根长实体阳线，与依旧下行的 MACD 指标形成背离，如图 3-29 所示。

技术图示 底部 MACD 指标单阳背离

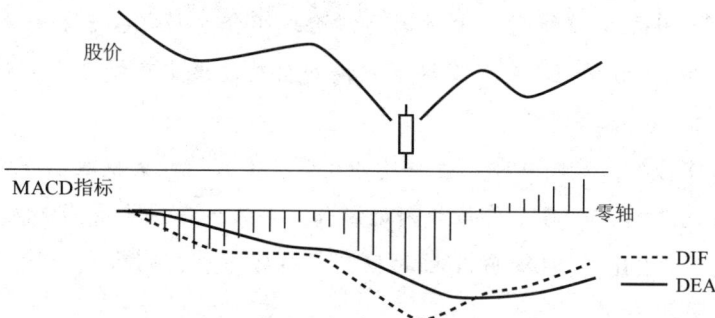

图 3-29 形态示意图

仅仅用单阳背离来判断股价转折点显然是不行的，如果股价与 MACD 指标能够在前期形成其他的背离形态，单阳背离处的转折信号就会更有说服力。当然投资者也需要观察收阳当日的分时走势如何，看是否有主力推涨的迹象等。

接下来用真实的案例来验证理论。

实例分析 法拉电子（600563）单阳背离买入信号

图 3-30 为法拉电子 2022 年 3 月到 7 月的 K 线图。

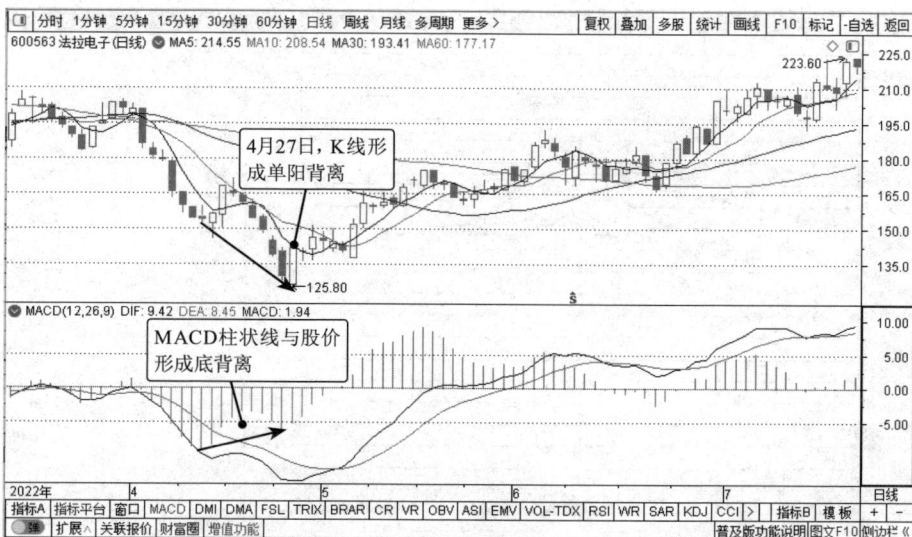

图 3-30 法拉电子 2022 年 3 月到 7 月的 K 线图

2022年3月，法拉电子的股价走势尚未表现出明显的趋势性，K线反复在195.00元价位线附近上下震荡，均线组合也与之黏合在一起。观察MACD指标，DIF和DEA在零轴下方横向盘整，说明市场略有看跌，后市需警惕。

进入4月后，该股立即产生快速的变盘，K线连续大幅收阴下跌，在短短数日后就跌到150.00元价位线附近。如此突兀的下跌也导致MACD指标线拐头向下，DIF在MACD绿柱的压制下持续下行，形成急速下坠形态，看跌信号明显。

尽管此后股价产生了数个交易日的反弹，但反弹高度并不尽如人意，连10日均线都没有突破。因此MACD指标中的DIF也只是小幅向上回升，在距离DEA尚远时就重新下跌。

此后该股的跌速依旧很快，MACD指标线配合下拉，但MACD绿柱拉长的幅度就不如前期了，与股价形成一个柱状线底背离。不过其反转信号目前还没有得到验证，投资者要继续等待。

4月27日，股价突然大幅拉升收阳，与依旧下行的MACD指标线形成低位单阳背离，下面来看当日的走势情况。

图3-31为法拉电子2022年4月27日的分时图。

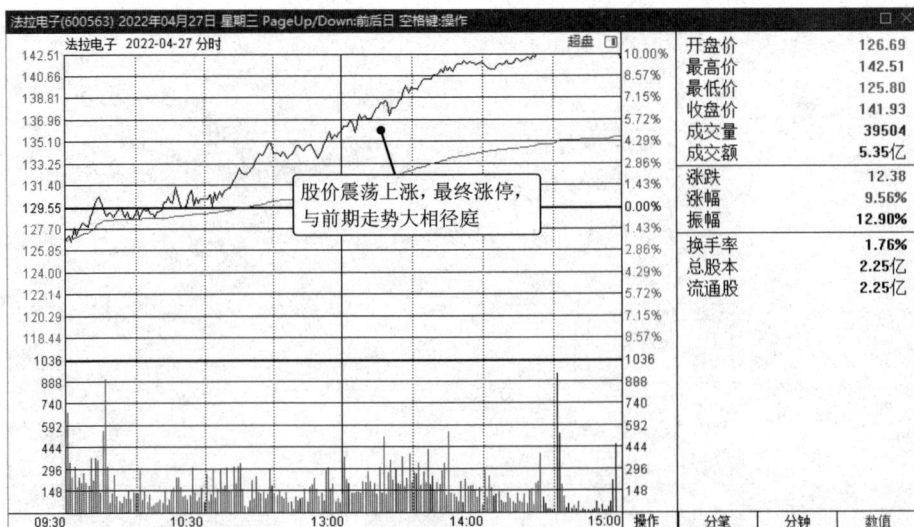

图3-31 法拉电子2022年4月27日的分时图

该股在 4 月 27 日整个交易日中几乎都维持着稳定的锯齿状上涨，最终在临近尾盘时涨停。盘中成交量也保持着一定的活跃度，在股价涨停之时还有过单根大量柱推动，说明其后市有更大的获利空间。

回到 K 线图中观察，投资者会发现这根阳线的实体非常长，已经向前覆盖住了前一根阴线的全部，包括上下影线，由此也形成了一个典型的底部反转形态——阳包阴。

阳包阴本就是预示反转来临的看涨形态，结合此处的低位单阳背离和前期的 MACD 柱状线底背离来看，股价确实是有继续上涨的潜力，激进型投资者可以尝试在此低位买进。

观察后续的走势也可以看到，股价在震荡中逐渐向上靠近中长期均线，并最终在 6 月初实现了完全突破，带动 MACD 指标线彻底运行到零轴之上，这时谨慎型投资者也可以介入了。

3.1.11　K 线下山滑坡，MACD 横向震荡

K 线的下山滑坡与前面介绍过的上山爬坡相对应，指的是股价在中长期均线的压制下长期呈波浪式下跌，期间始终无法彻底反弹突破压力线的持续性看跌形态。

在长期持续性下跌的过程中，MACD 指标不可能一直下探，所以大概率会转变为横向震荡，与股价形成背离，如图 3-32 所示。

技术图示 下山滑坡与 MACD 横向震荡背离

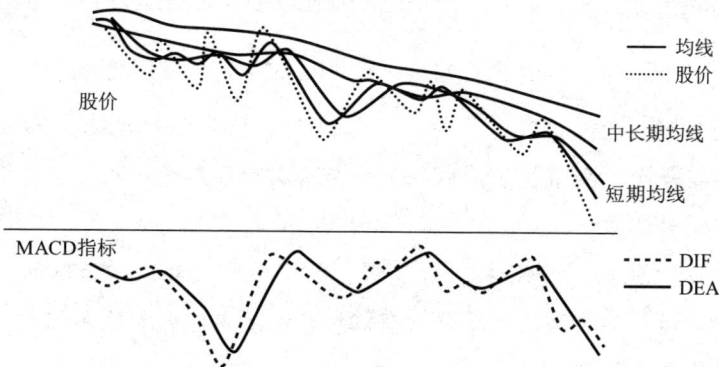

图 3-32　形态示意图

在下山滑坡形态成型后，市场可能会在很长时间内都保持着低迷状态。如果股价迟迟无法反弹突破中长期均线，场内投资者就不要过多停留，场外投资者也最好不要介入抢反弹。

不过只要股价能够成功越过中长期均线的限制，MACD指标线也表现出明显的配合拉升，说明下山滑坡的形态被破坏，市场可能会推动形成一波上涨，投资者可尝试建仓跟进。

接下来用真实的案例来验证理论。

实例分析 美的集团（000333）下山滑坡与MACD横向震荡

图3-33为美的集团2023年9月到2024年2月的K线图。

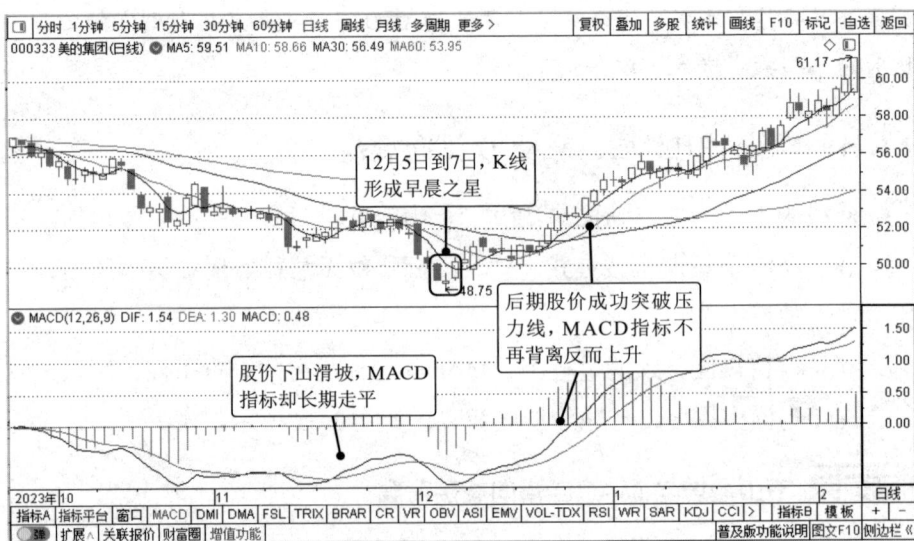

图3-33 美的集团2023年9月到2024年2月的K线图

美的集团的股价从2023年9月下旬就开始下跌了，后期跌速逐渐加快，使得均线组合逐步向下发散形成压制，在两次反弹不过均线之后，下山滑坡的形态得到确认。

与此同时观察MACD指标会发现，指标线也是在股价下跌的同时深入空头市场，跟随其震荡两次后彻底在低位稳定下来，开始横向运行，与持续下跌的股价形成背离。

这种背离只能预示出股价会持续下跌，无法确定其是否有反转潜力，更不能借此找到准确的反转点，因此，场外投资者需要依靠其他信息来寻找可能的反转位置。

在 12 月初，股价落到 48.75 元上后止跌反弹，K 线收阳向上靠近 30 日均线，但依旧如往常那般被拦住去路，转而收阴回调。但其实投资者只要再仔细一点就会发现，股价止跌回升的位置存在一个反转形态——早晨之星。

早晨之星是最典型的 K 线组合买入形态之一，它由三根 K 线构成，第一根和最后一根 K 线都需要有长实体，并且前阴后阳。而中间的小 K 线不限阴阳，只要实体够小，并且与前一根 K 线形成跳空就可以。

早晨之星常出现在阶段底部或是行情底部，是一个比较可靠的做多形态，传递出的是股价止跌震荡后反转回升的信号，因此有时也被称为希望之星，意味着上涨希望的到来。

12 月 5 日到 7 日的三根 K 线正好符合早晨之星的形态要求，因此该股在后续是有可能实现强势反弹甚至转势上涨的，投资者可特别关注。

12 月中旬，股价回调落到 50.00 元价位线上后没有继续下跌，而是转而收阳向上再度冲击，数日后成功接连突破两条中长期均线，破坏下山滑坡形态的同时，也印证了前期早晨之星的积极信号。

与此同时，MACD 指标线从低位回升，形成一个低位金叉后不久就突破到零轴上方，配合形成买进信号，投资者此时可大胆跟进。

3.1.12　K 线横向震荡，MACD 明显下行

K 线横向震荡，MACD 明显下行的背离走势在上涨行情的顶部或是阶段上涨的顶部比较常见，一般是因为股价前期上涨速度过快或持续时间太长，一旦价格在高位出现滞涨横盘，MACD 指标线就有可能拐头向下运行，进而形成背离，如图 3-34 所示。

这里的高位滞涨背离与一般的 MACD 指标线顶背离还不太一样，MACD 指标线顶背离要求股价高点上移，但在该形态中，股价高点可能会受到某条压力线的限制而横向走平。此时 MACD 指标线的下移就会预示出未来可能的变盘方向，以警示投资者不要长久停留。

技术图示 股价横向震荡，MACD指标线下行

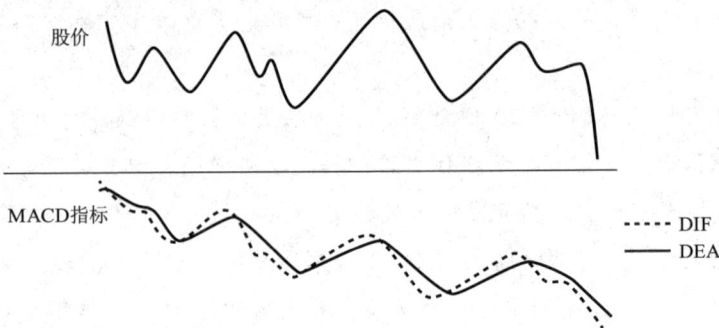

图 3-34　形态示意图

至于具体的变盘时间，大概率需要依靠中长期均线与 K 线的位置关系来判断。这一点在前面的许多案例中都有所体现，走平的 K 线与依旧上行的中长期均线接触后很快就会产生变盘，到底是彻底跌破还是受其支撑继续上涨，都需要时间来验证，投资者要根据实际情况作出决策。

接下来用真实的案例来验证理论。

实例分析 菲利华（300395）股价走平，MACD 指标线下降

图 3-35 为菲利华 2022 年 7 月到 12 月的 K 线图。

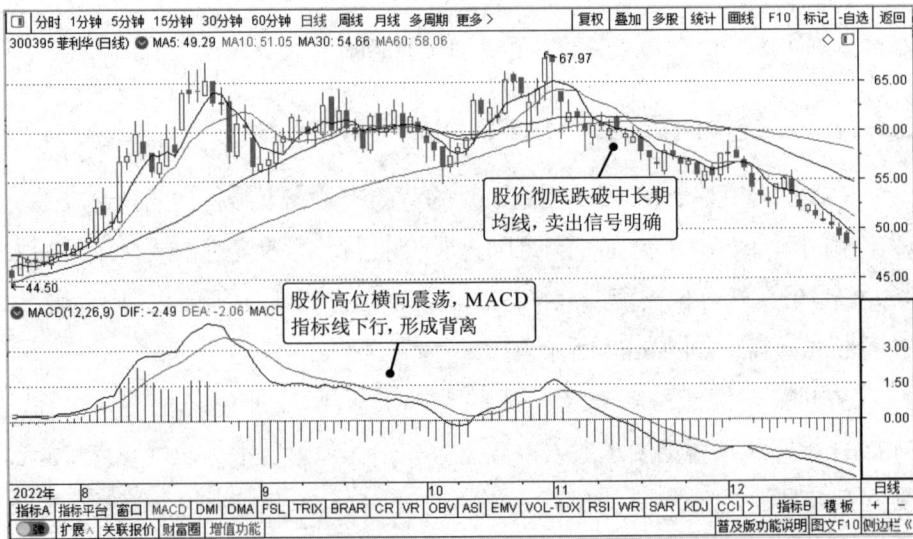

图 3-35　菲利华 2022 年 7 月到 12 月的 K 线图

来看菲利华的这段走势，股价在 2022 年 8 月中旬之前的涨势都十分积极，而且越到后期涨速越快，MACD 指标线受其影响在形成黑马飙升形态后依旧上行，积极信号清晰。

不过由于 MACD 红柱的缩减背离，该股在 8 月下旬于 65.00 元价位线处形成了一次滞涨后的回调整理，低点落在 30 日均线上。此次回调幅度不小，所以 MACD 指标线也在高位形成了死叉。

进入 9 月后，股价在 30 日均线的支撑下继续上行，但很快又在 65.00 元价位线上受阻横盘，可见这是一条关键压力线，投资者要特别注意。

在这段横向震荡期间，MACD 指标线出现了明显的持续下跌，尤其是 DEA，几乎没有受到股价走平的影响，二者形成背离。只是由于股价仍处于高位，背离产生的警告信号并不急迫，投资者还可以继续观望。

9 月底，股价小幅跌破 30 日均线后落到 60 日均线上得到支撑继续上涨，这一波拉升一直突破到 67.97 元的位置才止住，虽然相较于前期是创出新高，但上升幅度并不大。

反观 MACD 指标，发现指标线在股价再度拉升的带动下形成了一个中位金叉后上行，但随着价格止涨，两线又构筑出死叉后回落。且该死叉的位置远低于 8 月底的死叉，与创新高的股价形成顶背离。

整体来看这段走势，股价是在 55.00 元到 65.00 元的价格区间内长期横向震荡的，而 MACD 指标线则是长期保持下行，二者形成的也是一种走势背离。

再加上股价在 11 月初相继跌破两条中长期均线，卖出信号愈发清晰，此时还未离场的投资者要抓紧时间止损出局。

3.2　分时图中的 MACD 指标背离

分时图中股价线走向与 MACD 指标线的背离也是一种关键预示形态，其信号强度或许比不上 K 线图中的背离，但预示意义和对短线乃至超短线投资者的辅助作用是丝毫不差的。

对于中长线投资者来说，分时图中的 MACD 指标背离也可以提供一定的买卖点指导，但前提是投资者已经通过外部 K 线走势确定建仓点或出货点，这样进入分时图中操作才会更准确。

不过投资者首先需要了解如何在分时图中调出 MACD 指标。首先，投资者进入分时图后选择右下角的"操作"选项，在弹出的下拉菜单栏中选择"分时副图指标"选项，然后在弹出的下拉菜单栏中选择"1 个指标窗口"命令，即可创建一个单独的副图指标窗口，如图 3-36 所示。

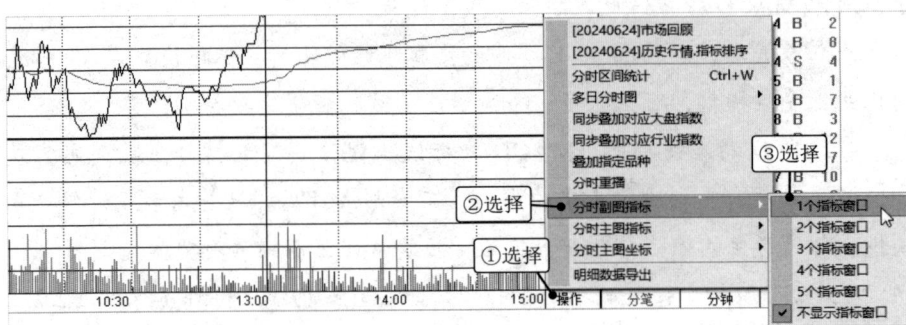

图 3-36　创建副图指标窗口

单击副图指标窗口右上角的下拉按钮，在弹出的下拉菜单栏中选择"MACD"命令，即可将副图指标切换为 MACD 指标，如图 3-37 所示。

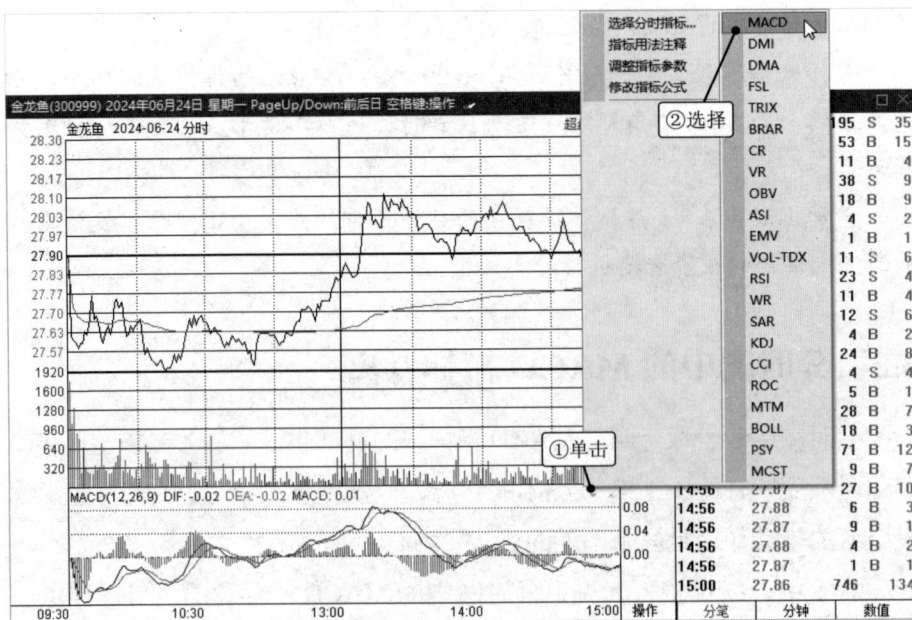

图 3-37　副图指标切换为 MACD 指标

3.2.1　股价线持续上扬，MACD 拐头向下

股价线持续上扬，MACD 拐头向下的走势出现在分时图中，大概率意味着当天或是当时的市场追涨积极性有所下降，导致 MACD 指标线在跟随上扬后不久就转而下跌形成背离，如图 3-38 所示。

技术图示 股价线上扬，MACD 下行

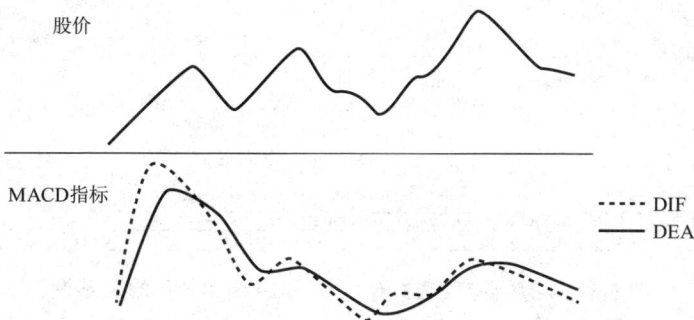

图 3-38　形态示意图

根据前面几节学习过的 K 线图中股价与 MACD 指标线的背离形态来看，图 3-36 中形态的成因可能是股价前期上涨速度过快，到达某一位置后滞涨进入缓慢攀升阶段，就可能导致 MACD 指标线转而下跌。

这种分时走势是短期看好，但是长期看跌的，尤其是当其出现在行情的高位或是转折关键位置，投资者就更要仔细观察后续一段时间内个股的走势，看是否有下跌迹象，必要时需要提前离场。

接下来用真实的案例来验证理论。

实例分析 松炀资源（603863）股价线上扬，MACD 下行卖出信号

图 3-39 为松炀资源 2023 年 12 月到 2024 年 6 月的 K 线图。

先来看松炀资源 K 线图中的走势，从图 3-37 中可以看到，该股长时间处于震荡状态，并多次与中长期均线形成接触、穿越。与此同时，MACD 指标线也长期在零轴附近上下波动，价格和指标短时间内都未表现出明显的趋势性，可视为猴市。

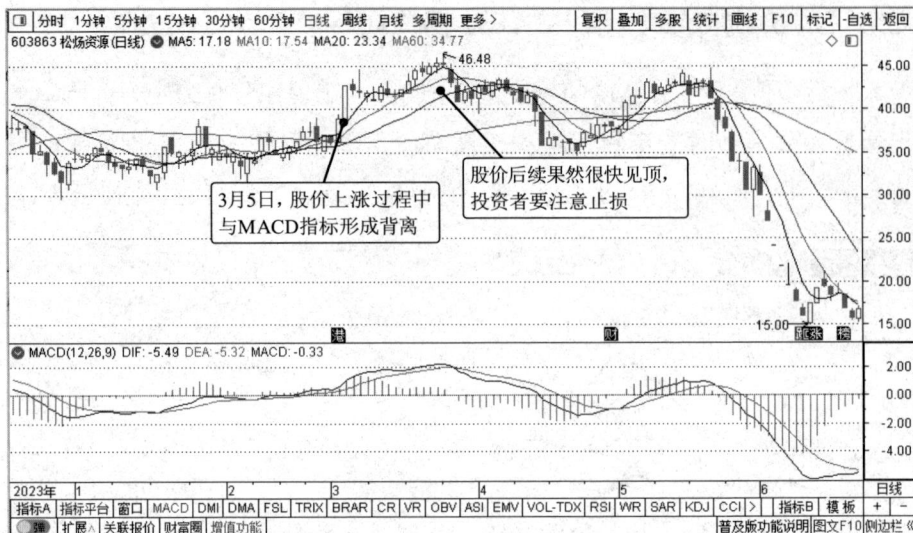

图 3-39 松炀资源 2023 年 12 月到 2024 年 6 月的 K 线图

在猴市中买卖的投资者大多是短线投资者，同时也不乏一些因为判断失误而入场的中长线投资者。但无论是盈利还是解套，投资者们都需要更加注意指标的走向和分时图中的细节，从中分析出可靠的买卖信号，及时作出决策，帮助实现目标。

在 2024 年 3 月初，该股刚刚摆脱低位横盘震荡的走势，开始逐步向上攀升，并在 3 月 5 日收出一根长阳线，成功突破了前期高点和 60 日均线的束缚。同一时期，MACD 指标线在零轴上方形成一个拉升幅度不算大的黑马飙升形态。

这看似是股价即将进入强势上涨的标志，但投资者只要进入当日的分时走势中进一步分析，就能看出其中潜藏的危险信号。

图 3-40 为松炀资源 2024 年 3 月 5 日的分时图。

观察 3 月 5 日的分时走势可以看到，该股当日是以 38.54 元的低价开盘的，不过开盘后就在成交量放大的推动下直线拉升，短短数分钟后冲到 41.49 元价位线上方。MACD 指标线也在其带动下形成了黑马飙升形态，直接深入多头市场之中。

在单日分时图中能够实现如此巨幅的上涨，可见其中是有主力参与的。

结合 K 线图中的位置来看，后市确实可能会有一波上涨，投资者在此迅速跟进建仓可以说是有充分理由的。

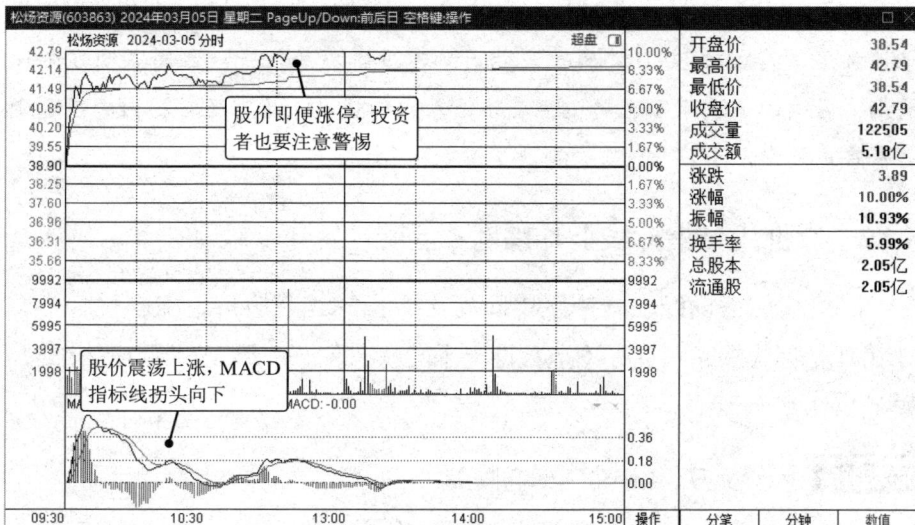

图 3-40　松炀资源 2024 年 3 月 5 日的分时图

继续观察当日后续的走势，股价在 42.14 元价位线上受阻后小幅回落到均价线上，随后进行了长时间的震荡。不过仔细看还是会发现，股价的低点其实是在缓慢上移的，最终在 11:00 之后上升到涨停板封住，当日收出一根涨停大阳线。

反观 MACD 指标，在股价滞涨之后，DIF 就迅速跌破 DEA 形成了一个高位死叉，后续更是随着股价的缓慢震荡而持续下行，与之形成鲜明的背离走势，传递出截然相反的警示信号。

不难看出，这里的 MACD 指标警示信号与 K 线图、分时走势中的股价走势都不匹配，更可能意味着股价虽有上涨，但持续时间和上涨幅度不会太理想。已经买进的投资者要注意警惕，风险承受能力较弱的投资者还是留在场外观望比较好。

回到 K 线图中观察，可见股价在当日突破完成后就在 45.00 元价位线下方横向震荡。一直到 3 月中旬，股价才再度向上拉升并创出 46.48 元的新高。

但根据拉升过程中这些单根 K 线拉升的幅度来看，市场助涨动力明显不如前期，MACD指标线也有走平并下跌的迹象，可见股价可能在短时间内转势下跌，投资者要注意止盈。

3月底，股价跌破20日均线后在其下方横盘震荡。进入4月后，K线很快再度下行跌破60日均线，虽然后续有过再次的拉升，但高点明显不过前期，后续的下跌速度也更快，看跌信号愈加明显，此时还在场内的投资者有必要止损卖出了。

3.2.2　股价线与指标线上升幅度不匹配

股价线与指标线上升幅度不匹配主要指的是在股价上涨的过程中，MACD指标线涨速明显跟不上甚至走平的状态，二者形成的同样是背离，如图3-41所示。

技术图示 股价上升，MACD横向震荡

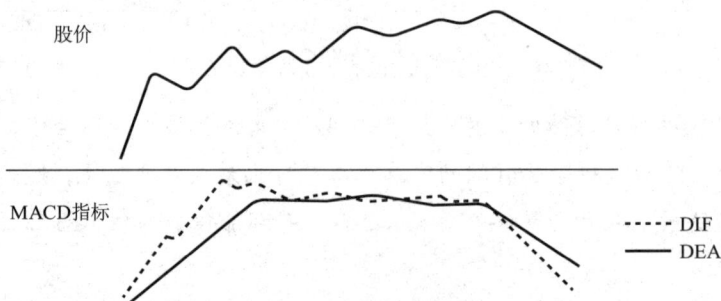

图3-41　形态示意图

图3-41为股价上涨时MACD指标线横向震荡的状态，这是市场买盘积极性下降，股价涨速有所减缓导致的。一般出现这种情况的当日，分时走势会偏向于不稳定，即股价可能会频繁上下波动，这也是市场买卖盘互相竞争的体现。

这种背离在各个行情位置中都可能存在，所表达的含义和信号的强弱程度也有所不同。但当其出现在行情高位或是阶段高位时，释放出的反转预警信号最具价值。

投资者可以采取和上一节一样的策略，即在发现预警信号后警惕后市走向，谨慎型投资者提前出局锁定收益，惜售型投资者则继续观望，但当股价出现明显下跌后也要及时卖出，避开后市下跌。

接下来用真实的案例来验证理论。

实例分析 大金重工（002487）股价上升，MACD 横向震荡止涨信号

图 3-42 为大金重工 2022 年 5 月到 9 月的 K 线图。

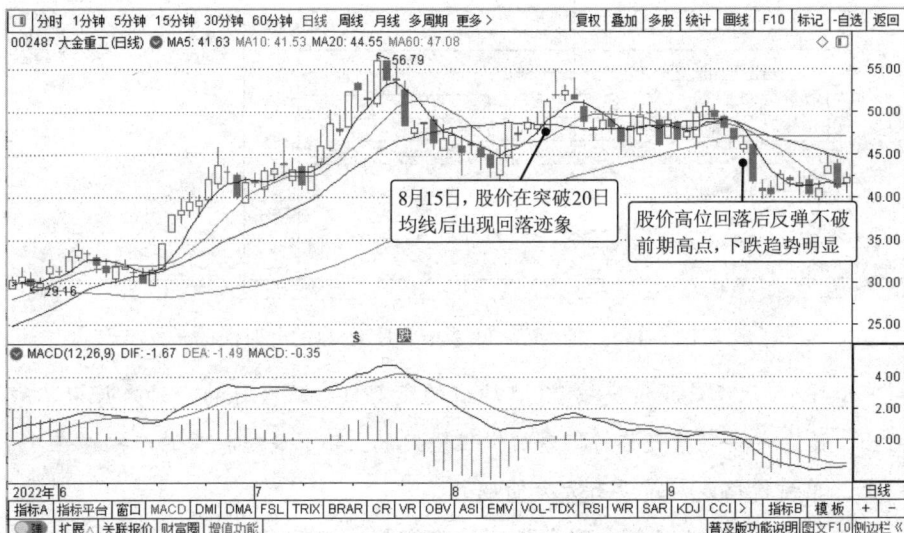

图 3-42　大金重工 2022 年 5 月到 9 月的 K 线图

来看大金重工的这段走势，股价前期在中长期均线的支撑下涨势积极，多次回调都没有彻底跌破。MACD 指标线也呈现出一波波向上拉升的走势，可见市场追涨情绪高涨，许多投资者也是在这一时期跟进的。

7 月下旬，股价在 55.00 元价位线上滞涨后很快转势下跌。在连续收阴的影响下，MACD 指标线很快形成高位死叉后下行，并随着股价跌破 20 日均线的步伐而靠近零轴，说明这一波回调或下跌幅度较大，谨慎型投资者早在股价跌破关键支撑线时就卖出了。

8 月上旬，该股在 60 日均线上方停滞，并开始连续收阳重拾升势。但就在 K 线突破 20 日均线的当日，盘中出现了股价线与 MACD 指标线背离的

走势，下面来看当日的具体情况。

图 3-43 为大金重工 2022 年 8 月 15 日的分时图。

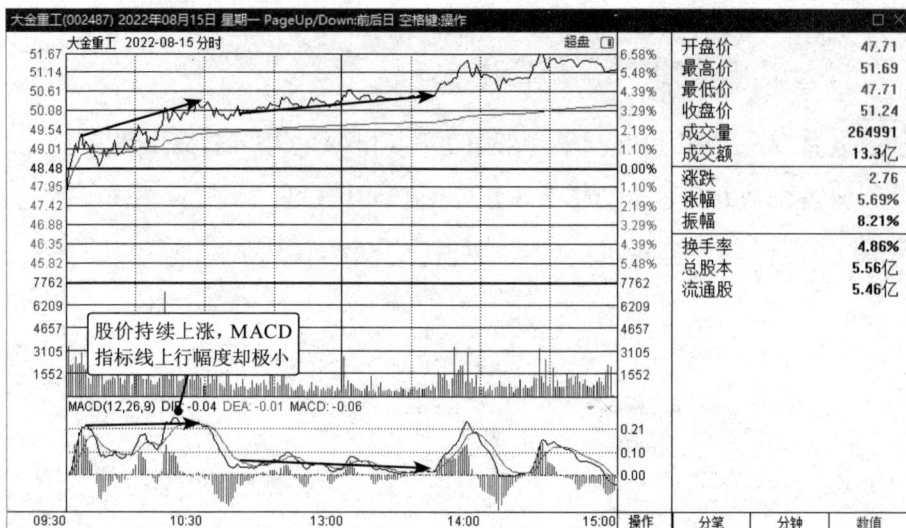

图 3-43　大金重工 2022 年 8 月 15 日的分时图

8 月 15 日正是股价突破 20 日均线的交易日，从当日的分时走势中不难看出，股价线其实整日都维持着缓慢但坚定的上涨，最终收盘的涨幅也在 5%以上，单看价格走势是没有太大问题的。

然而 MACD 指标的表现却没有这么积极。在开盘后不久，股价震荡上涨到 50.08 元价位线附近，MACD 指标线也跟随波动上行，但高点相较于第一波拉升时的高点来说基本是走平的，二者形成明显的背离，传递出短期看涨，但长期看跌的信号。

在 10:30 之后，股价与 MACD 指标的背离走势更加明显。随着股价涨速的下降，MACD 指标线大幅回落到零轴上方不远处后长期窄幅波动，整体甚至还是有所下滑的，背离形态与上一节的类似。

回顾 K 线图中股价突破关键价位线和分时图中的 MACD 指标背离走势，投资者不难发现，这与上一节案例中的情况很像，因此，其预示意义可能也是相似的，即股价上涨一段时间后转入下跌，投资者要注意止盈。

回到 K 线图中观察后市走向，可见股价确实很快就出现了下跌，高点只是勉强接触到 55.00 元价位线，并未成功突破。这充分说明上方有压力，上涨有困难，若没有主力的大力推动，股价未来可能彻底转入下跌行情之中，谨慎型投资者当时就应该卖出。

9 月初，随着股价与上扬的 60 日均线越靠越近，变盘时机来临。但可惜的是，股价此次是向下变盘，K 线连续大幅收阴跌破 60 日均线后持续下行，导致 MACD 指标线也运行到了零轴下方，后市行情不容乐观，此时还未离场的投资者要抓紧时间。

下面再来看几个月后大金重工止跌反弹期间的走势，看其中的 MACD 指标线又起到了怎样的关键研判作用。

图 3-44 为大金重工 2022 年 11 月到 2023 年 3 月的 K 线图。

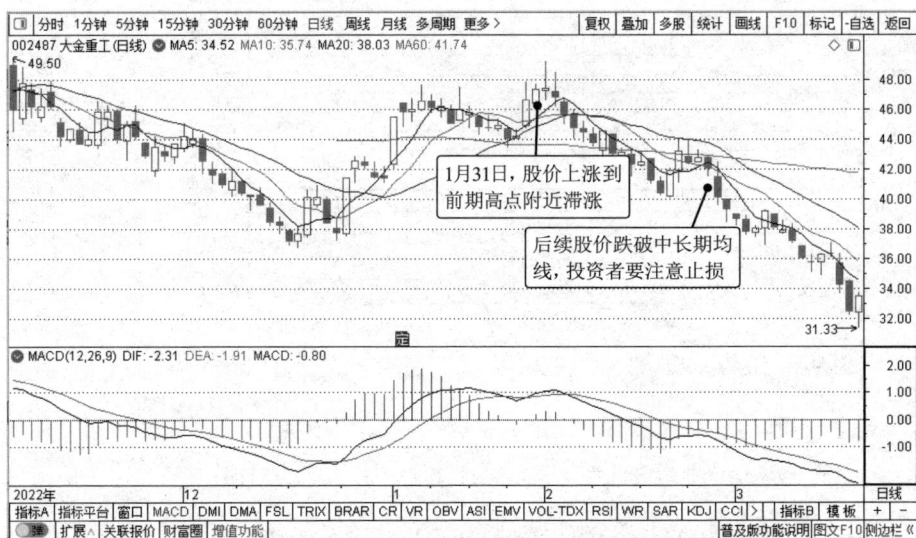

图 3-44　大金重工 2022 年 11 月到 2023 年 3 月的 K 线图

从图 3-44 中可以看到，到了 2022 年 12 月中旬，该股已经下跌到 38.00 元价位线下方，跌幅较大。

不过此后股价开始重整旗鼓转势上涨，K 线多次收出大阳线向上突破关键压力线，并于 2023 年 1 月初来到了 46.00 元价位线附近。MACD 指标线也被带动突破到零轴上方，呈现出反弹向好的信号。

在 48.00 元价位线下方受阻后，股价横盘滞涨，后期小幅回落到 60 日均线上并获得支撑，数日后开始收阳继续向上拉升。但就在股价向上接触到48.00元价位线创出新高的同时，MACD指标线的高点却没有同步上移，而是小幅回落，与之形成了顶背离。

根据大趋势来看，股价本就处于下跌行情之中，此次的上涨大概率也只是一次反弹，MACD指标形成的顶背离很可能意味着股价即将结束反弹回归下跌。

而在分时图中，MACD指标也同样形成了警示信号。

图3-45为大金重工2023年1月31日的分时图。

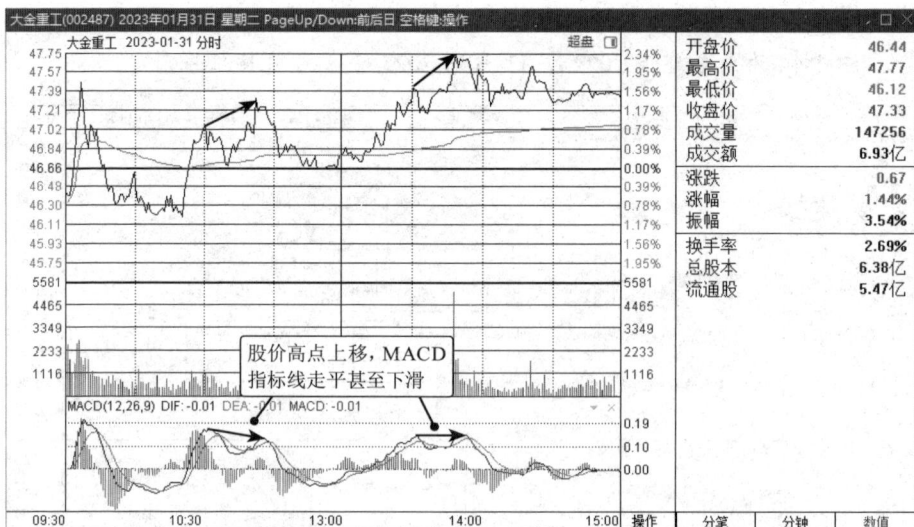

图3-45　大金重工2023年1月31日的分时图

1月31日是股价上涨接触到48.00元价位线后继续收阳的一个交易日，从当日的分时走势中可以看到，该股开盘后曾有过一次急速拉升，但在小幅突破47.39元价位线后受阻下跌，一直到10:20之后才止跌。

待到股价重拾升势时，MACD指标线已经运行到了零轴下方。不过股价后续上涨的速度也是很快的，MACD指标重新回归多头市场。在后续的长期震荡中，股价高点不断上扬，但MACD指标线的高点却走平甚至下滑，与股价线形成多个背离。

这无疑是对K线图中MACD指标顶背离信号的印证，再加上K线图中股价在两个交易日后就开始收阴下跌的表现，行情可能很快就要回归下跌。尽管持续时间不长，但此次反弹带给投资者的收益还是不错的，投资者只要及时在 MACD 指标给出警示信号后卖出，就可以将这段涨幅收入囊中。

3.2.3　股价线与指标线顶背离

股价线与 MACD 指标线的顶背离与 K 线图中的相似，都是股价高点上移，MACD 指标线高点下移的背离走势，如图 3-46 所示。

技术图示 **股价线高点上扬，MACD 高点下降**

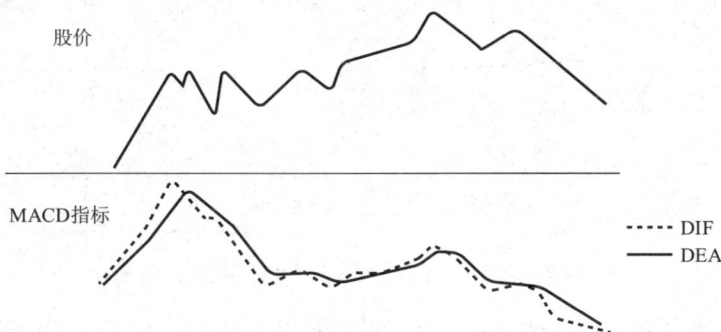

图 3-46　形态示意图

分时图中 MACD 指标顶背离的预示意义与 K 线图中的一样，只是信号强度会因为构筑时间的缩短而衰减不少，对于寻找单日卖点来说很有效，但投资者不可就此定位中长期卖点。

因此，投资者需要先观察 K 线图中的整体走势，确定大致的出货范围后细化分析。有时也需要借助分时图中的走势来验证自己的猜测，内外部信号共振后再卖出会更可靠。

接下来用真实的案例来验证理论。

实例分析 **新莱应材（300260）股价线与指标线顶背离**

图 3-47 为新莱应材 2023 年 2 月到 7 月的 K 线图。

在新莱应材的这段走势中，中长期均线的波动幅度非常大，尤其是在前期。这说明股价在 2023 年之前是经历过大幅下跌的，60 日均线在 3 月才被重新上涨的股价突破并带动走平，MACD指标线也是在2月下旬才回归到零轴上方。

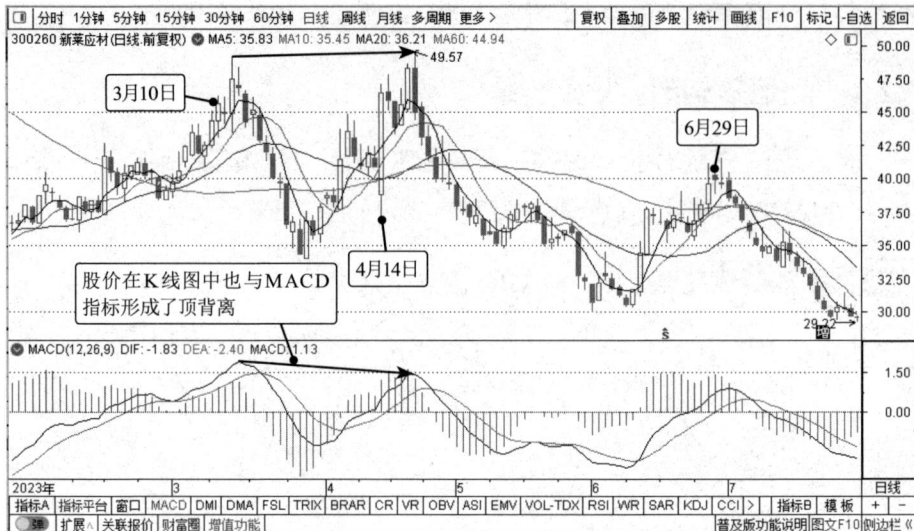

图3-47　新莱应材2023年2月到7月的K线图

不过就算后续的上涨只是下跌行情中的强势反弹，从其涨势的迅猛程度来看，投资者也是可以尝试介入做多的，只是要加倍注意MACD指标和其他技术指标释放出的警示信号。

3月上旬，股价上涨越过45.00元价位线后收阴下跌，跌速还比较快，可能是反弹结束的表现。投资者若把握不准，可进入上涨期间的分时走势中观察MACD指标是否有异动。

图3-48为新莱应材2023年3月10日的分时图。

3月10日是股价上涨突破45.00元价位线的一个交易日，从图3-48中可以看到，该股在开盘后先是震荡下跌，在接近10:00时拐头向上回归上涨，并在后续一个小时内不断拉升创出新高。

观察MACD指标可以发现，指标线也同步出现了拉升，在10:30之前的走势都与股价比较契合。然而在股价上涨到46.30元的最高价时，MACD指标线的高点相较于前一个出现了明显下移，二者形成顶背离。

在往后的交易时间内，股价也没能继续拉升，而是在高位反复震荡，最终以 2.91% 的涨幅收出一根实体不大的阳线。MACD 指标线在此期间也是节节下滑，落到零轴附近横向震荡，传递出鲜明的转势信号。

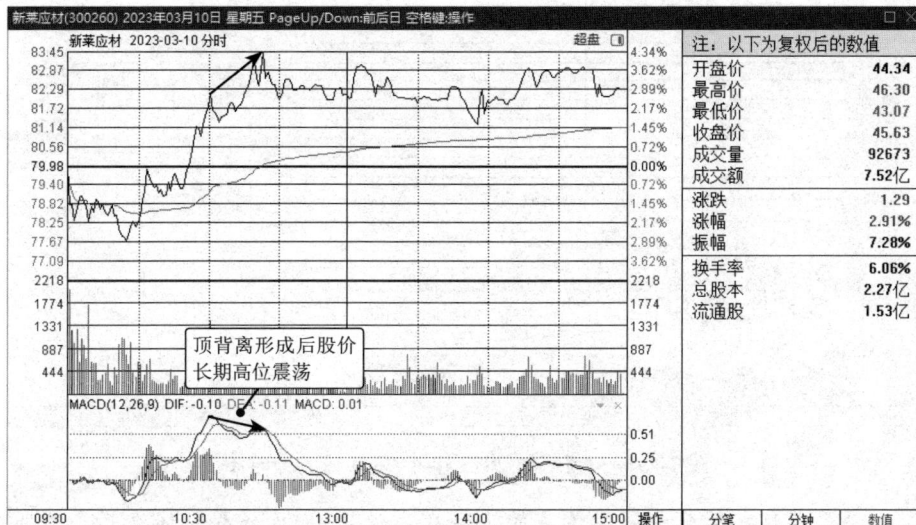

图 3-48　新莱应材 2023 年 3 月 10 日的分时图

结合 K 线图中的走势来看，股价的收阴可能确实意味着下跌的回归，投资者发现这一点后要及时止损卖出。

大约半个月后，该股落到 35.00 元价位线附近止跌并再度向上拉升，前期涨速还比较快，进入 4 月后不久就成功突破了 60 日均线，可能代表着下一波反弹来临，不少短线投资者再度参与其中。

然而就在股价收出大阳成功突破 45.00 元价位线的当日，盘中又出现了 MACD 指标的警示信号。

图 3-49 为新莱应材 2023 年 4 月 14 日的分时图。

从股价突破当日，也就是 4 月 14 日的分时走势中可以看到，该股在开盘后不久积极上涨，其间的小幅回落在均价线上得到了强势支撑，后续也是持续上扬，最终收出一根涨幅达到 13.67% 的超长阳线，短期收益十分惊人。

然而 MACD 指标的表现却反其道而行之，随着股价不断创新高的步伐，MACD 指标线的高点却在明显下移，整体看来形成的是清晰的顶背离，预示着股价后续上涨可能乏力。

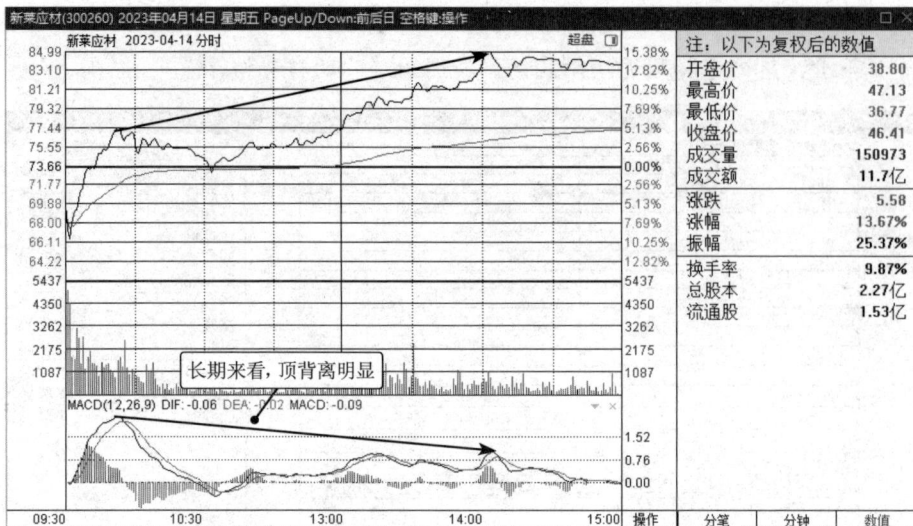

图 3-49　新莱应材 2023 年 4 月 14 日的分时图

　　结合前期经验来看，股价可能又会在突破 45.00 元价位线不久后迎来下跌，投资者要注意了，必要时应提前离场。

　　回到 K 线图中分析，该股在 4 月 14 日之后还在继续上涨，但涨速明显不如前期，价格仅仅小幅越过前期高点就转势下跌了。与此同时，K 线图中的 MACD 指标也与之形成顶背离，更加证实了 4 月 14 日的分时顶背离信号，无论投资者风险承受能力如何，此时都应以卖出为佳。

　　下面再来看这段走势中的最后一波反弹。股价在 6 月上旬落到 30.00 元价位线上止跌后又一次反弹，不过此次反弹的高度远不及前期，K 线在收阳突破 60 日均线后不久就在 40.00 元价位线上收阴并横向震荡了两个交易日，MACD 指标也有转势下跌的迹象。

　　在 K 线收阴的第一个交易日，分时图中出现 MACD 指标线的警示信号，下面来看当日的情况。

　　图 3-50 为新莱应材 2023 年 6 月 29 日的分时图。

　　在 6 月 29 日的分时走势中，股价先是开盘后直线拉升高位震荡了一段时间，随后又大幅回落形成波动。

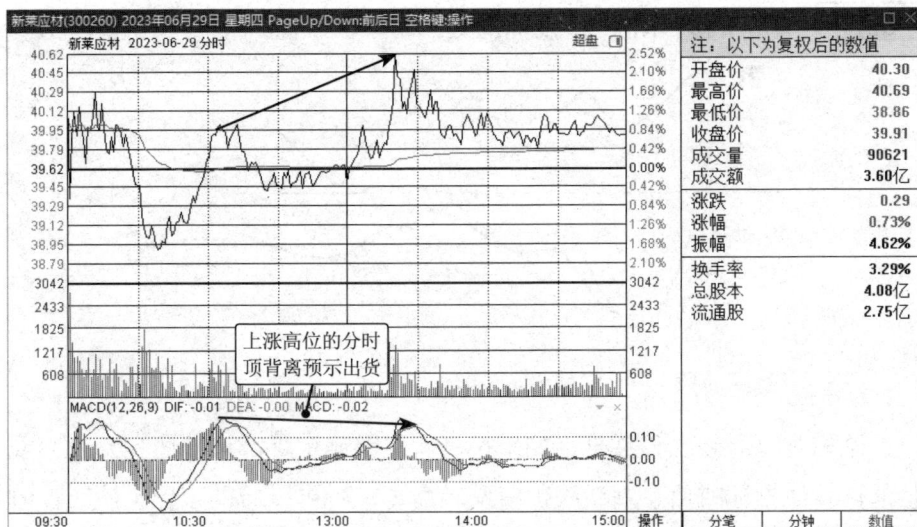

图 3-50　新莱应材 2023 年 6 月 29 日的分时图

10:30 之后，股价在前日收盘价上方不远处滞涨回落形成一个高点。下午时段开盘后，股价再度向上拉升，创出 40.69 元的最高价后回落到均价线附近，最后以 0.73% 的涨幅收出小实体阴线。

观察这段时间内的 MACD 指标可以发现，在股价高点上移的过程中，MACD 指标线的高点却反而小幅回落，与之形成顶背离。

结合股价线后期难以回升的走势，以及 K 线图中小幅越过 60 日均线后受阻的情况来看，此次反弹可能即将结束，前期经验也告诉了投资者应当及时出局止盈，避开后市可能的下跌。

回到 K 线图中观察后续的走势，股价确实在此之后于 40.00 元价位线上横盘震荡数日，最后连续收阴下跌，很快落到中长期均线之下。MACD 指标线也在零轴上方不远处形成一个死叉后下行，预示该股彻底回归下跌行情之中，此时还未离场的投资者要抓紧时间。

3.2.4　股价线持续下降，MACD 上移

分时图中的股价线持续下降，MACD 指标上移的背离形态，往往预示着当日市场情绪逐渐向好，或是股价跌速明显减缓，后市有回转可能，如图 3-51 所示。

技术图示 股价下移，MACD反而向上

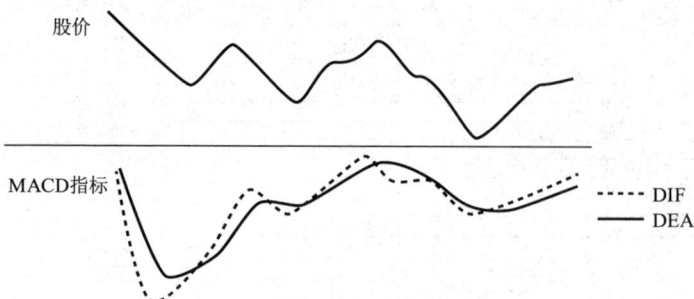

图3-51　形态示意图

这种背离形态比较常见，如果投资者能够确定外部环境适宜介入，或是通过其他指标或信息判断股价有反转潜力，就可以借助该形态抄底，但需要注意低位买进的风险。

接下来用真实的案例来验证理论。

实例分析 迈瑞医疗（300760）股价下跌与MACD上行形成背离

图3-52为迈瑞医疗2023年8月到12月的K线图。

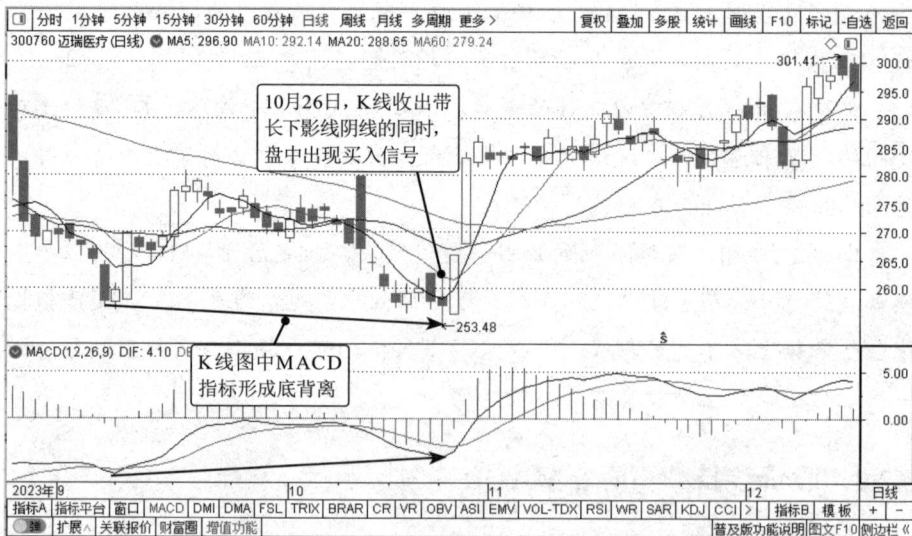

图3-52　迈瑞医疗2023年8月到12月的K线图

在迈瑞医疗的这段走势中，前期的60日均线几乎一直压制在K线之上，

并且距离较远，充分证明以往股价下跌的幅度之大，速度之快，投资者在下跌过程中最好不要参与，即便要抢反弹也一定要轻仓。

2023 年 9 月初，股价在 260.00 元价位线附近止跌后大幅收阳回升，形成了一次反弹，可惜反弹高点还未接触到 60 日均线便停滞，K 线开始沿着 60 日均线的运行轨迹逐步下滑。

在此期间，MACD 指标线原本有望跟随上行的股价突破零轴的，但 60 日均线上的压制力太强劲，不仅股价突破失败，DIF 和 DEA 也没能越过零轴，最终在其下方横向震荡运行。若有投资者在股价回升的位置介入，一定要看准时机及时卖出兑利，否则容易盈利不成反遭损失。

10 月上旬，股价开始了又一波下跌，一直落到前期低点附近才止住，说明这是一条关键支撑线。10 月 26 日，股价下探并创出 253.48 元的新低，但当日的分时走势却有了积极信号，下面来看具体情况。

图 3-53 为迈瑞医疗 2023 年 10 月 26 日的分时图。

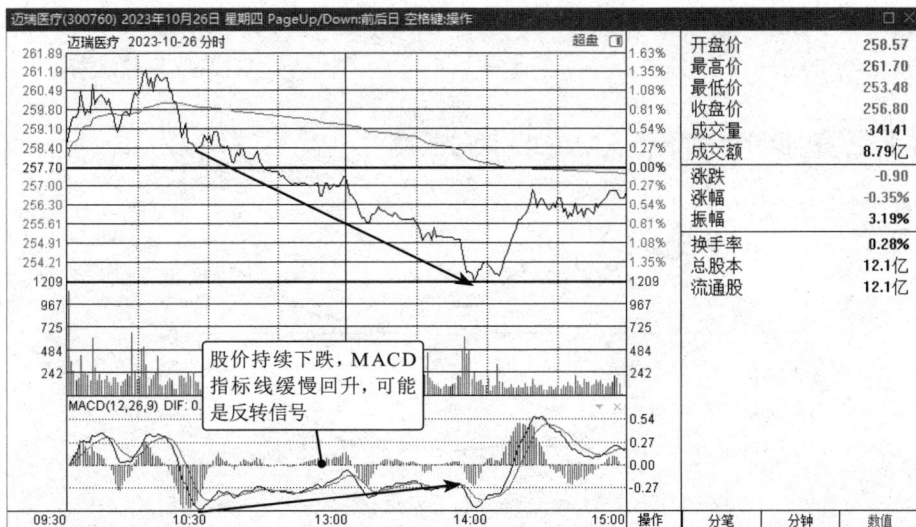

图 3-53　迈瑞医疗 2023 年 10 月 26 日的分时图

观察 10 月 26 日的分时走势情况，该股在开盘后原本是在积极上升的，但随着时间的推移，股价线一路跌破均价线后持续下行，一直落到最低 253.48 元处才停住。

　　与此同时，原本跟随在零轴上方震荡的 MACD 指标线也跌破这条多空分界线来到空头市场之中。然而就在股价跌势持续时，MACD 指标线却反而拐头向上，形成连续且稳定的上扬走势，二者的背离形态十分清晰，释放出反转信号。

　　14:00 之后股价确实有反转迹象，虽然最终收出的依旧是一根小阴线，但回归 K 线图中分析可以看出，这是一根带长下影线的探底线，可能预示着主力即将开启拉升，投资者可多加关注。

　　次日股价果然大幅拉升向上，甚至在后续收出超长阳线一举突破 60 日均线，传递出强势反弹即将来临的信号，也证实了 10 月 26 日中的反转信号。前期关注股价走势的投资者此时就可以迅速跟进，抓住反弹涨幅。

3.2.5　股价线与指标线下降幅度不匹配

　　股价线与指标线下降幅度不匹配指的是在股价持续下跌的过程中，MACD 指标线下行的幅度明显减缓，或是干脆横向震荡的背离形态，如图 3-54 所示。

技术图示 股价持续下行，MACD 低位震荡

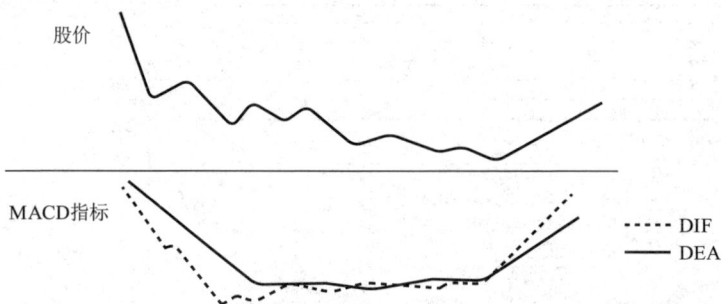

图 3-54　形态示意图

　　股价持续下行，MACD 低位震荡的背离出现在行情低位时，可传递出比较可靠的反转信号，但这并不意味着投资者可以立即买进，毕竟下跌趋势还未结束。

　　投资者应当采取的稳妥策略是通过外部走势和分时背离形态确定股价可能有反转潜力后持币等待，待到反转真正出现，上涨趋势确定后再跟进，

这样虽然会增加一定的建仓成本，但安全性提高了不少。

接下来用真实的案例来验证理论。

实例分析 瑞芯微（603893）股价下跌与 MACD 横盘买入信号

图 3-55 为瑞芯微 2023 年 12 月到 2024 年 5 月的 K 线图。

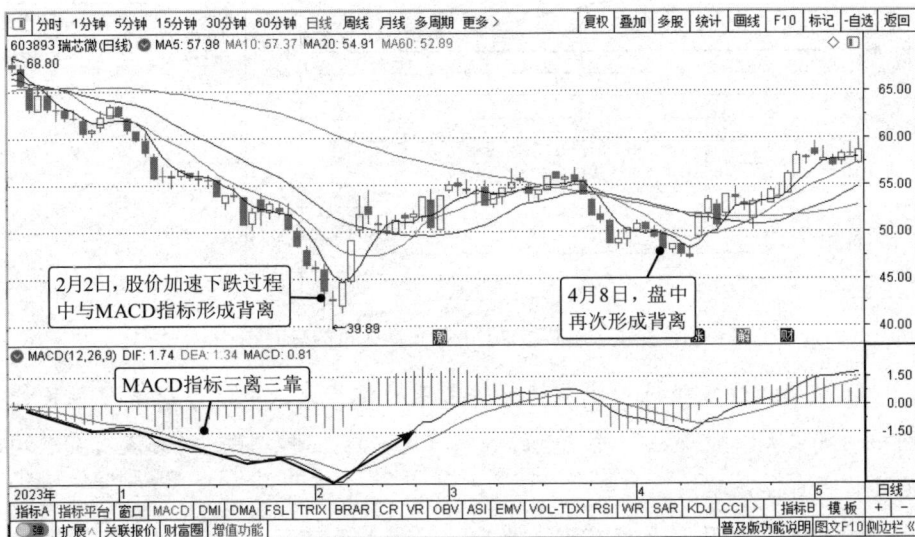

图 3-55　瑞芯微 2023 年 12 月到 2024 年 5 月的 K 线图

在 2023 年 12 月到 2024 年 1 月，芯瑞微的股价跌势还是十分稳定、清晰的，60 日均线自从与其他均线分散后就一直压制在上方，较远的距离证明了市场行情的持续走弱，前期入场的投资者要及时撤离。

进入 2 月后，股价落到 40.00 元价位线附近止住，并收出连续三根带有长下影线的探底阴线。这可能是主力试探下方支撑力，准备开始拉升的表现，投资者可进入分时图中观察是否有反转信号形成。

图 3-56 为瑞芯微 2024 年 2 月 2 日的分时图。

2 月 2 日是这三根探底阴线中的一个交易日，观察其走势，不难看出该股几乎整日都在下跌，并且前期下跌的速度恒定，下跌幅度不大但持续时间较长。同一时期，MACD 指标线在大幅下滑到低位后反而上升，回到零轴下方不远处开始横向震荡，与下跌的股价形成明确的背离。

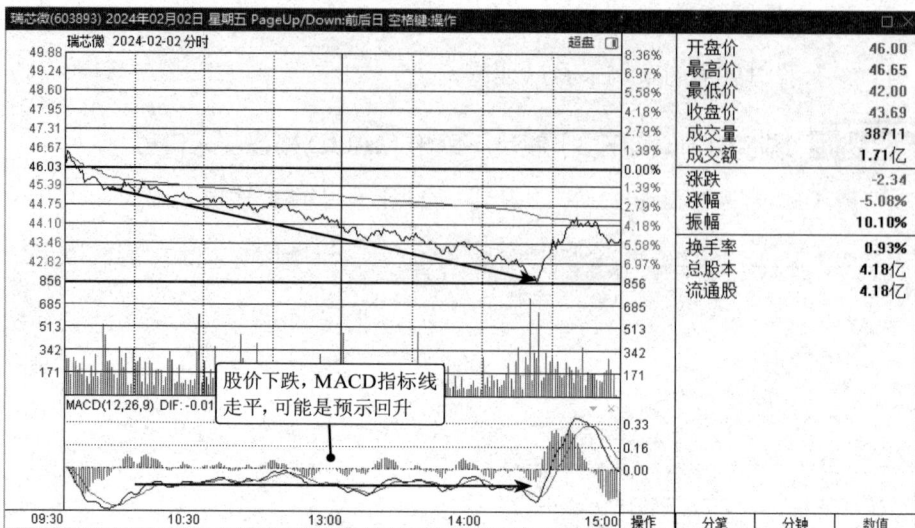

图 3-56　瑞芯微 2024 年 2 月 2 日的分时图

很显然，这是股价可能即将反转上涨的信号，只是信号强度没有 K 线图中的那么大。股价在临近尾盘时确实有过一些上冲，不过最终没有突破均价线，当日还是收阴。

回到 K 线图中仔细观察可以发现，其实 MACD 指标线已经在股价持续下跌的过程中形成了一个三离三靠形态。而 2 月 2 日所处的位置正是第三离，只要股价后续能够回升带动 DIF 上行形成第三靠，反转信号的可信度就能够得到进一步加强。

两日之后，股价开始大幅收阳上行，DIF 也上穿 DEA 形成低位金叉后向上，三离三靠形态成型，买进信号也得到确认。那么激进型投资者就可以尝试着在此建仓抢反弹了，谨慎型投资者则可以在股价突破 20 日均线时介入。

接下来来看股价反弹在 60 日均线上受阻后，MACD 指标在回落低价区域又有怎样的表现。

从图 3-55 展示的信息来看，该股在 3 月底于 60 日均线上受阻下跌，落到 50.00 元价位线附近震荡整理，其间的一个交易日中再次出现了积极信号，如图 3-57 所示。

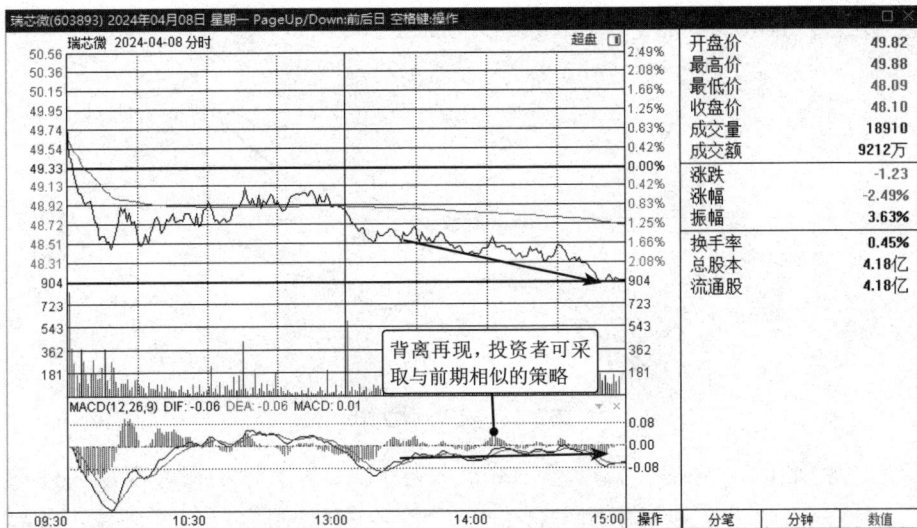

图 3-57　瑞芯微 2024 年 4 月 8 日的分时图

4 月 8 日是股价小幅跌破 50.00 元价位线的一个交易日，从当日的分时走势来看，股价线一开始就有明显的下跌趋势，10:00 之后小幅回升到均价线附近，但最终还是在下午时段继续向下远离。

观察 MACD 指标线可以发现，随着下午时段股价的持续下跌，MACD 指标线反而走平，甚至整体还有一些上移，二者形成了与 2 月 2 日相似的背离形态，因此释放出的信号也是相似的。

再看 K 线图中的行情位置可以发现，股价正处于回调之中，并且 20 日均线和 60 日均线正在不断向下靠近，变盘时机即将到来。结合分时图中的反转信号，股价变盘的方向可能是向上，投资者要注意了。

数日之后，股价果然跳空向上收出大阳线，成功突破了两条中长期均线，并开启下一段上涨。MACD 指标线也同时形成一个低位金叉后上行，积极信号明显，前期一直保持关注的投资者可以跟进。

3.2.6　股价线与指标线底背离

股价线与指标线的底背离是指股价低点下移的同时，MACD 指标线的低点反而上移的背离情形，如图 3-58 所示。

技术图示 股价线低点下移，MACD低点上升

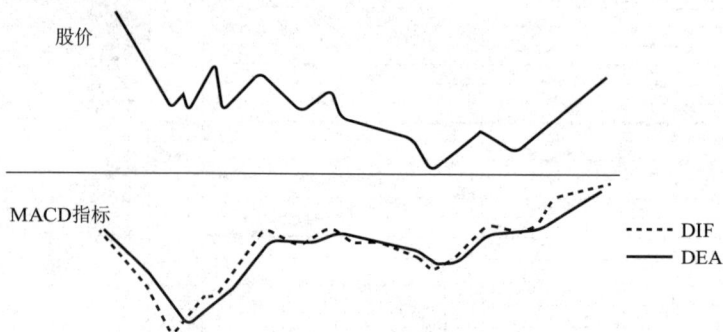

图 3-58　形态示意图

与前面两节介绍过的形态相似，分时MACD指标底背离都是在外部大趋势适宜跟进的情况下用于辅助确定买点的，常见于回调低位和行情低位。投资者在发现背离后最好等待上涨时机到来，不要着急买进。

接下来用真实的案例来验证理论。

实例分析 济川药业（600566）股价线与指标线底背离

图 3-59 为济川药业 2023 年 12 月到 2024 年 4 月的 K 线图。

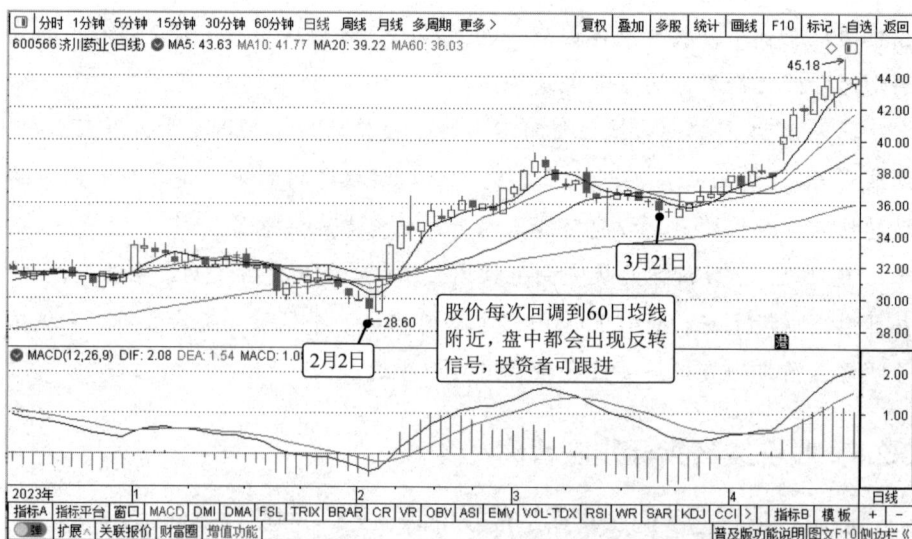

图 3-59　济川药业 2023 年 12 月到 2024 年 4 月的 K 线图

从 60 日均线的表现来看，济川药业的股价正处于长期的上涨行情之中，并且涨势还比较稳定。只是在 2023 年 12 月到 2024 年 1 月，股价一直在横盘整理，直到接触 60 日均线后才产生变盘迹象。

然而股价初始的变盘方向却是向下的，K 线收阴跌破 60 日均线，许多投资者可能认为下跌即将形成，进而出局止损。但是在 2 月 2 日，盘中形成的 MACD 指标积极信号却预示出了不同的可能。

图 3-60 为济川药业 2024 年 2 月 2 日的分时图。

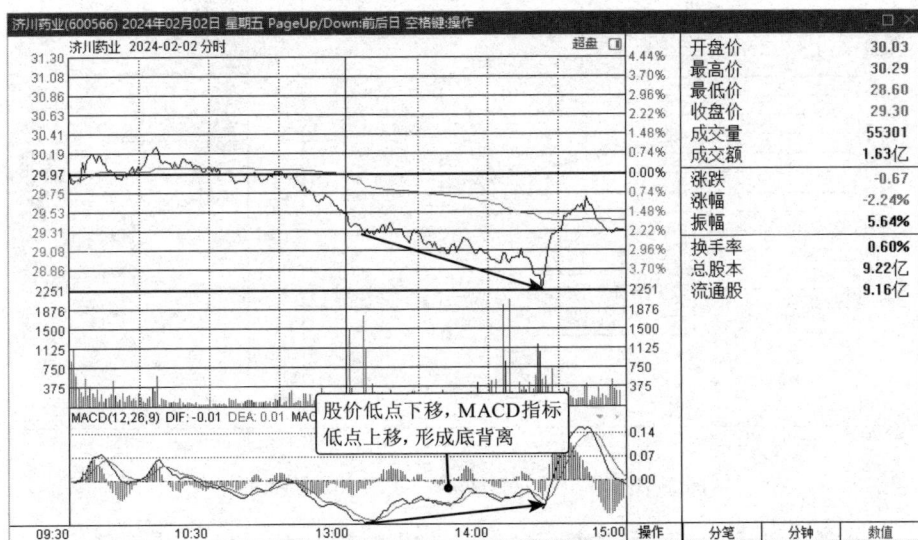

图 3-60　济川药业 2024 年 2 月 2 日的分时图

在 2 月 2 日的前半段走势中，股价线长期与均价线纠缠在一起横向波动，直到接近早间收盘时才有明显的下跌走势。下午时段开盘后，股价继续下行，但跌速有所减缓，MACD 指标线受此影响明显拐头向上，与低点下移的股价线形成底背离形态。

底背离之后股价快速反弹，尽管当日收阴，但长下影线说明了市场的探底行为，底背离更是预示着股价有上涨潜力，投资者可加以关注，但最好不要立即买进。

回到 K 线图中观察，股价在次日就收出大阳向上拉升，很快越过中长期均线开启了一波迅猛拉升，MACD 指标也在形成金叉后积极上行突破零轴。前期得到预示信号的投资者迅速跟进就可以将这段涨幅收入囊中。

下面来看股价下一波回调期间 MACD 指标的表现。3 月底，股价回调到 36.00 元价位线附近后正在震荡，MACD 指标也回落了，但距离零轴尚远，可见下跌并不彻底。3 月 21 日，盘中再度形成背离形态。

图 3-61 为济川药业 2024 年 3 月 21 日的分时图。

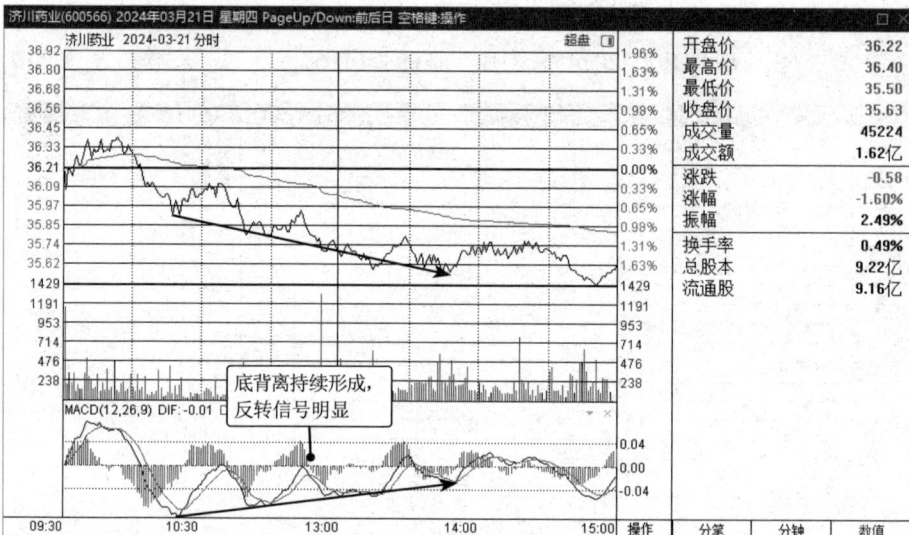

图 3-61 济川药业 2024 年 3 月 21 日的分时图

该股在开盘后不久就转势下跌了，其间一直波动下行，低点下移的状况明显。反观 MACD 指标可以发现，指标的低点反之出现上移，二者形成长达两个小时的底背离。

这一波底背离比 2 月 2 日的还清晰，因此释放出的买进信号也更加强烈。再加上 K 线图中股价距离 60 日均线尚远，投资者几乎可以确定该股在不久之后就可以回归上涨，因此在此加仓也是可以的。

数日之后，股价重拾升势突破 20 日均线形成拉升，确认了前期的信号，观望的谨慎型投资者也可以重新建仓或加仓了。

第 4 章

MACD与多指标背离共振

当MACD指标与其他技术指标同时或先后产生同方向的背离形态，形成的背离信号共振就更有机会预测出未来股价的运行方向，对于投资者来说是非常可靠的分析技术。本章针对MACD指标与成交量、均线和KDJ指标的背离共振形态进行解析。

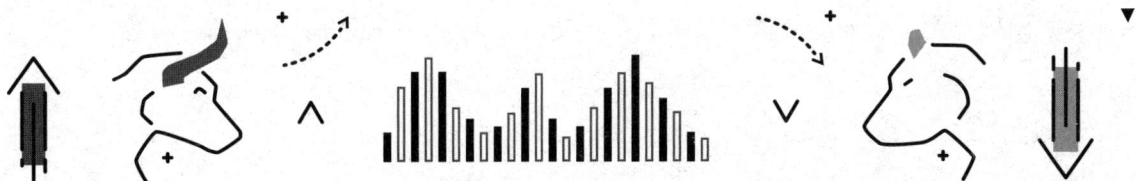

4.1　MACD 与成交量的背离共振

成交量是推动股价涨跌的重要动力，反映出的是市场多空买卖盘的注资与撤资力道，大部分投资者在进行技术分析时都离不开成交量。

作为最常用的技术指标之一，成交量也会与股价或其他技术指标形成背离，当这些背离出现在合适的位置时，将构成典型的买卖形态。如果MACD 指标能够在同一时期形成同方向的背离，那么投资者就完全可以提前进行操作，把握住时机扩大获利空间或更大程度地降低损失。

4.1.1　低位量增价跌和 MACD 绿柱抽脚

量增价跌指的是在成交量不断上涨的同时，股价不增反跌的背离形态，大多出现在高位下跌的初期和上涨前夕，在不同的位置有不同的预示意义，与 MACD 指标的配合共振也不尽相同。

本节要介绍的是上涨前夕的量增价跌与 MACD 绿柱抽脚结合形成的背离共振，具体形态如图 4-1 所示。

技术图示　**量增价跌与绿柱抽脚同步形成**

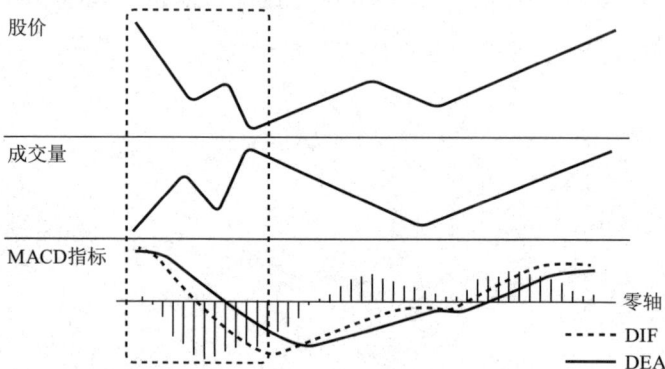

图 4-1　形态示意图

当量增价跌出现在上涨前夕时，股价可能已经经历了一段幅度较大的下跌，或者前期涨幅已高。此时主力为获取更多的低位筹码，或是为震仓清理浮筹、回笼部分资金以备后市拉升，会采取边挂低价卖单压价，边分散挂买单吸筹的手段，出现股价下跌，成交量却反而上升的情况。但这种现象也会随着买盘的逐渐增多，主力吸筹结束开始拉升股价而消失，是底部的买入信号。

至于 MACD 绿柱提前抽脚与股价继续下跌的背离，相信投资者已经通过前面章节的案例清楚了其含义。若量增价跌和 MACD 绿柱提前抽脚在同一时期形成，背离共振带来的抄底信号就会更加可靠，投资者是可以尝试着在股价反转的同时建仓的，以尽量降低成本。

当然，股市中并不只这两个指标可供投资者研究，一些其他的形态或信息也能辅助定位买卖点，比如 K 线特殊形态、分时图中的交易数据等，投资者切忌死板应用理论，而是要根据实际灵活变通。

下面来看实际的案例解析。

实例分析 金力泰（300225）回调低位量增价跌和 MACD 绿柱抽脚

图 4-2 为金力泰 2020 年 10 月到 2021 年 3 月的 K 线图。

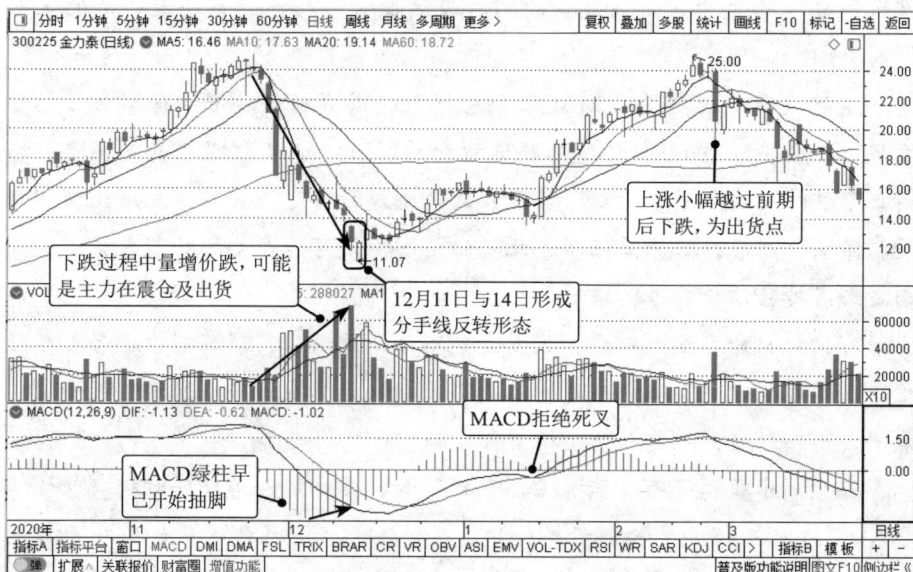

图 4-2　金力泰 2020 年 10 月到 2021 年 3 月的 K 线图

在 2020 年 11 月中下旬及以前，金力泰的股价涨势十分迅猛且稳定，K 线和短期均线与60日均线距离较远，上涨过程中K线又鲜有跌破支撑的时刻。MACD指标又长期运行于零轴上方的高位，可见市场追涨积极性极高，投资者参与其中获得的收益也十分可观。

11月上旬，该股在接触到24.00元价位线后滞涨，数日后再度收阳试图突破也未能成功，最终连续大幅收阴下坠，短短五个交易日后就跌到了60日均线之上，并有跌破的迹象。

与此同时，MACD指标受其影响形成高位死叉后快速下行，DIF向下远离DEA，导致MACD绿柱持续拉长，弱势信号明显。

在后续的半个月内，股价持续下跌并彻底跌破60日均线的支撑，一直落到12.00元价位线附近才止住。观察成交量，会发现量能竟然在节节攀升，且放量幅度较大，与股价形成了鲜明的量增价跌的背离。

但由于前期股价涨幅已高，投资者此时无法彻底确定股价是即将转入下跌，还是仅仅形成一波跌幅较大的回调。如果是前者，可能代表主力正在大批量出货，后市长期看跌，是不可继续停留的强烈卖出信号。但若是后者，就可能意味着主力只是在震仓的同时吸纳低价筹码，后市还有一定的上涨空间。

这时投资者就要借助MACD指标进行辅助分析了。仔细观察该指标会发现，在股价跌破60日均线后跌速缓和的同时，MACD绿柱开始抽脚，与持续下跌的股价形成了背离。其代表的含义是股价可能在不久之后止跌，有反转希望，因此，从侧面证实了此处的量增价跌可能是主力的震仓手段，并与之形成抄底信号共振。

即便分析出了这一结论，投资者也不可毫无动作，谨慎型投资者要在股价下跌的过程中适当减仓或清仓，先将前期收益落袋为安；惜售型投资者也最好卖出一部分，避免判断失误全仓被套。

在判断出股价还有上涨潜力后，投资者就要特别注意反转时机在何处。在MACD指标和成交量都在构筑背离共振信号，对具体的反转位指示作用较弱的情况下，投资者可借助其他方法进行判断，比如K线形态。

12月11日和14日，该股收出两根实体偏长的K线，前阴后阳，且阴线的收盘价与阳线的收盘价位于相近的位置，是一种被称为"分手线"的典型底部反转 K 线形态，为投资者指示出了反转位置。

下面来看这两个交易日的分时走势如何，如图 4-3 所示。

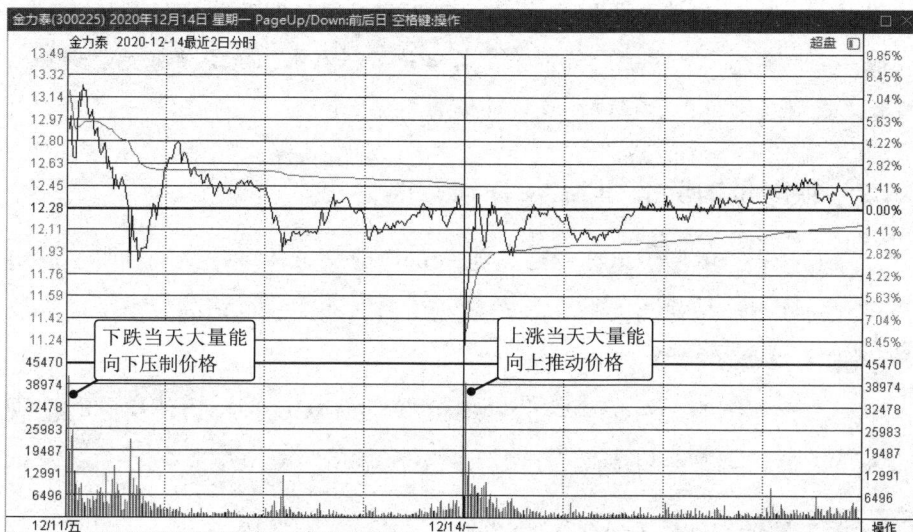

图 4-3　金力泰 2020 年 12 月 11 日和 14 日的分时图

在 12 月 11 日的交易时间内，金力泰的股价从开盘后就出现了震荡下跌，整个交易日几乎都被压制在均价线之下，呈现出上涨困难的趋势。而在开盘后的前几分钟，成交量更是大肆放量压制，可见场内主力还在震仓。

但在 12 月 14 日，股价走势就出现了明显转折。当日该股尽管是跳空低开，但在大量买单的支撑下迅速直线拉升，后续长期运行在均价线之上，最终以与前一日收盘价相近的价格报收。

前阴后阳、前跌后涨的走势及盘中量能的变化，已经充分说明主力可能吸筹完毕，即将开始拉升，投资者要准备好买进。

回到 K 线图中观察后续的走势，该股在此之后开始缓慢上涨，逐步突破到 20 日均线之上。MACD 指标在此期间也形成了低位金叉向上，MACD 绿柱转红。成交量虽然相较于前期下跌过程中的有所缩减，但比起 11 月上旬之前拉升过程中的量能来说还是比较大的，足以撑起一波上涨，投资者可以趁机在低位重新买进或加仓。

进入 2021 年 1 月后，股价有过小幅回调，但在 14.00 元价位线上得到了支撑继续上涨，后续拉升速度更快。在此期间，MACD 指标线形成一个拒绝死叉形态，意味着回调影响不大，投资者可继续持仓甚至加仓。

但在股价上涨到 24.00 元价位线附近后再度受阻，转而大幅收阴跌破 20 日均线，MACD 指标也形成高位死叉下行时，说明该价位线处的压制力极强，主力要想拉升突破比较困难，后市是否还有第三次尝试也无法预知，投资者最好及时卖出，将前期收益落袋为安。

4.1.2　顶部量缩价涨和 MACD 顶背离

量缩价涨与量增价跌相对应，指的是在成交量持续缩减的同时，股价却向上运行的一种背离关系，大多出现在上涨途中、行情高位及下跌的反弹过程中，代表的含义各不相同。

本节所介绍的是行情高位的量缩价涨与 MACD 指标顶背离同时出现的背离共振，如图 4-4 所示。

技术图示　量缩价涨时 MACD 顶背离

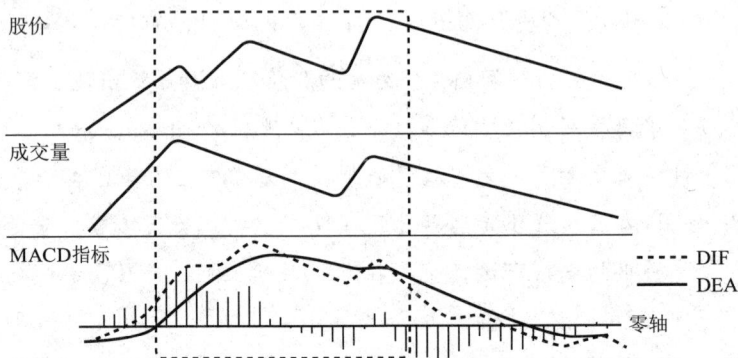

图 4-4　形态示意图

当量缩价涨出现在行情高位，说明多方力量可能衰竭，上涨动力不足，股价涨势无法维持太长时间，反转即将来临。若在股价反转后又出现成交量放大压价的情况，大概率意味着主力在借高出货，是后市可能进入下跌行情的信号。

如果在股价持续上涨的过程中，MACD 指标又与之形成了顶背离，就更加能证明市场助涨动力的衰竭，谨慎型投资者甚至不用等到反转来临就可以先行卖出止盈。而惜售型投资者在发现高位出现明显下跌迹象时，也要及时卖出止损。

下面来看实际的案例解析。

实例分析 翰宇药业（300199）行情高位量缩价涨和 MACD 顶背离

图 4-5 为翰宇药业 2023 年 8 月到 2024 年 1 月的 K 线图。

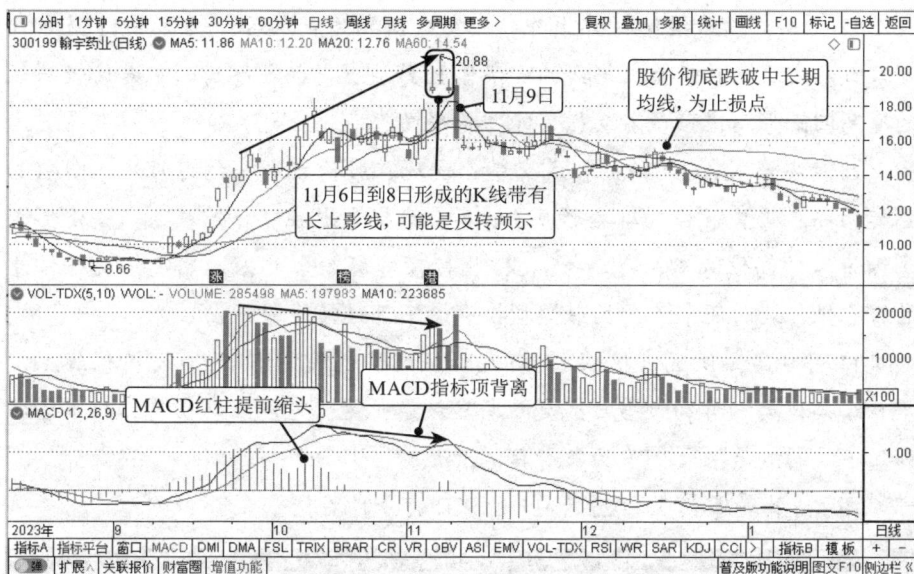

图 4-5　翰宇药业 2023 年 8 月到 2024 年 1 月的 K 线图

从翰宇药业的这段涨跌走势可以发现，此次上涨虽然持续时间不长，但价格却实现了翻倍，带来的收益也是极为可观的。不过投资者要抓住其中的买卖机会也不是那么简单，需得借助多方信息辅助研判，下面就来看具体的分析过程。

2023 年 9 月初，股价尚且处于 10.00 元价位线下方横盘震荡，直到某一日成交量突然大幅放量推动该股跳空向上收出阳线，才开启了一波上涨。

随着价格的持续攀升，追涨买进的投资者也越来越多，成交量不断增长，MACD 指标在形成低位金叉后突破到零轴上方，配合形成买进信号，市场氛围积极向好。

9 月底，股价的第一波上涨在 16.00 元价位线下方受阻，随后形成了数日的横盘震荡。成交量和 MACD 指标受此影响都出现不同的走势，量能稍有缩减，DIF 则走平并靠近 DEA，使得 MACD 红柱缩减。

不过很快股价回归上涨，在 18.00 元价位线上受阻后再度横盘。横盘期间成交量持续下降，MACD 指标线也形成了一个高位死叉后下行，MACD 红柱翻绿。尽管背离尚不清晰，但两个指标已经传递出了警示信号，谨慎型投资者可以先行出局观望。

11 月初，股价继续拉升上冲。但突破前期高点之后，该股在 11 月 6 日到 8 日形成了三根带长上影线的小实体 K 线，呈"品"字排列，是比较明显的冲高回落形态，预示着反转可能即将形成。

此时观察 MACD 指标和成交量，发现在股价创新高的过程中，MACD 指标的高点明显下移，与之形成顶背离。成交量也在整体缩减，与股价形成量缩价涨的高位背离，也与 MACD 指标顶背离结合共振，确定了反转信号的可靠性，此时还未清仓的谨慎型投资者不可继续停留。

11 月 9 日，该股直接从 19.00 元价位线附近跌到了 16.00 元价位线上，单日跌幅极大。再加上当日成交量明显放量，主力可能正在出货，后市彻底转入下跌的概率很大，下面来看具体情况。

图 4-6 为翰宇药业 2023 年 11 月 9 日的分时图。

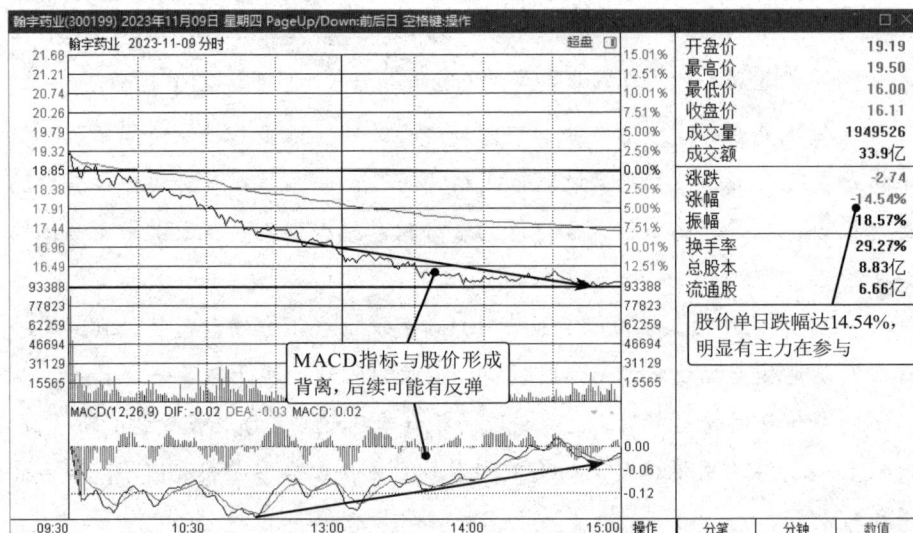

图 4-6　翰宇药业 2023 年 11 月 9 日的分时图

从 11 月 9 日的分时走势中可以看到，该股自开盘后就在持续下跌，盘中几乎没有出现过明显的反弹走势，股价线与均价线的距离越拉越大，市场颓势也越来越明显。最终该股当日以 14.54% 的跌幅收出大阴线，主力明显在压价，传递出鲜明的看跌信号。

不过在下跌过程中，MACD 指标与股价形成了回升背离，说明市场多方仍在挽救，后续股价还是有反弹潜力的。不过如此巨大的跌幅也证明了空方实力的强劲，投资者最好不要再抱有侥幸心理。

回到 K 线图中分析，股价在此之后确实并未直接下跌，而是于 16.00 元价位线附近横向震荡，后续甚至还有收阳反弹的迹象。可惜市场已经大范围看跌该股，主力也不再注资发力，此次反弹注定无法维持。

那么当短暂的反弹结束，股价回落跌破中长期均线的同时，还未离场的投资者就要抓紧时间了。

4.1.3　高位量缩价涨和 MACD 走平

高位量缩价涨的含义在前一节中已经详细解释过了，MACD 指标在此期间走平震荡却是比较少见的，这涉及了指标的高位钝化。

钝化是一种技术指标特有的走势，指的是指标线在高位或低位发生黏合及走平，导致失去指示意义的情况。MACD 指标的高位钝化就是指股价还在上涨时，DIF 就与 DEA 在高位黏合并走平，如图 4-7 所示。

技术图示 量缩价涨时 MACD 同步走平

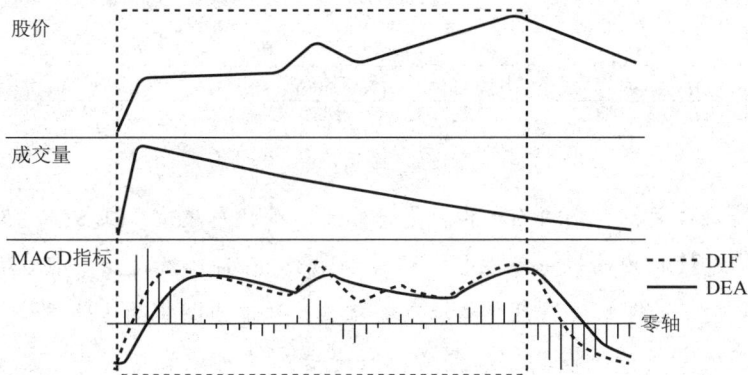

图 4-7　形态示意图

MACD 指标高位钝化的成因其实与指标的计算原理有关，如果股价在某段时间内涨势十分稳定，上涨速度几乎不变，那么 MACD 指标线在上涨到高位后就可能长期横向波动。

该形态与股价形成的也是一种背离，但并不会传递出鲜明的警示信号，不过在此期间形成的量缩价涨背离就不一样了。因此投资者完全可以借助高位量缩价涨谨慎持股，然后在 MACD 指标钝化结束的反转时刻迅速卖出，就可以将一段稳定的涨幅收入囊中。

下面来看实际的案例解析。

实例分析 鲁阳节能（002088）上涨期间量缩价涨和 MACD 走平

图 4-8 为鲁阳节能 2022 年 4 月到 10 月的 K 线图。

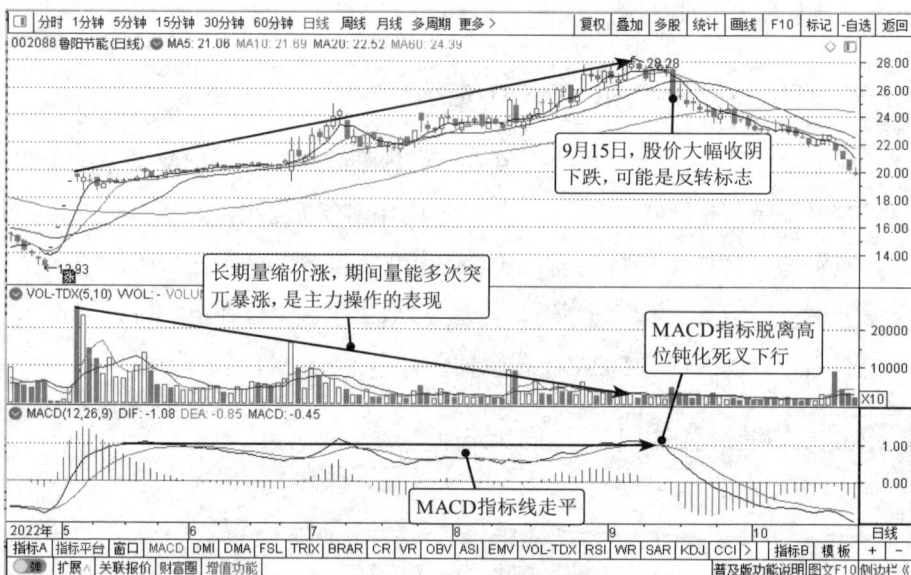

图 4-8　鲁阳节能 2022 年 4 月到 10 月的 K 线图

2022 年 4 月底，鲁阳节能的股价还处于下跌状态之中，但在接近 5 月时，K 线突然连续收出四根一字涨停，迅速突破到 60 日均线之上。MACD 指标也在其带动下迅速形成低位金叉后突破零轴，传递出明确的看涨信号。

同时由于这波上涨的不同寻常，投资者几乎可以肯定其中有主力的参与，因此在后续持股过程中要警惕其出货行为。

第一波拉升在 20.00 元价位线处中断，成交量大幅放量释放出前期抛压后开始逐步回缩，但股价却在 10 日均线的支撑下缓慢上移，二者形成初步的量缩价涨背离。

不过由于主力才结束了第一波拉升，股价也尚未出现明显的下跌迹象，短时间内出货的可能性不大，因此投资者还可以继续持股。

随着价格持续且缓慢地上涨，MACD 指标线开始在零轴上方稳定横向波动，即高位钝化，与股价形成了一定的背离。结合前面所述的理论知识来看，这是股价涨势稳定的体现，不过量缩价涨的背离也在提醒投资者保持警惕，谨慎型投资者可采取分段操作的策略来降低风险。

6 月底，该股突然一改往日的温吞上涨，连续收出大阳线拉升，在小幅突破 24.00 元价位线后才回落整理。与此同时，成交量也有明显放量支撑，显然是主力注资推涨造成的。MACD 指标跟随小幅向上震荡，却也没有太过偏离前期的横盘区间，仍与股价保持着整体背离。

7 月下旬，股价在 20 日均线的支撑下回调完毕回归上涨。在后续近一个半月的时间内，股价都保持着与前期类似的稳定上涨，只是波动幅度稍有增加，不过也并未改变 MACD 指标的高位钝化。

在此期间的成交量依旧保持着长期回缩，只在 K 线收出大阴线和大阳线时稍有放量，量缩价涨的背离也长期存在着，投资者要注意控制持股时间。

9 月初，该股上涨至 28.00 元价位线附近后再度横向滞涨。这时的量能已经缩减得比较小了，并且还在随着横盘的持续而下降，说明市场支撑力也在不断下降，整体来说是稍有看跌的。MACD 指标仍处于高位钝化之中，释放出的信号有些失真，投资者需要等待变盘时机的到来。

9 月 15 日，一个清晰的转折形成了，K 线收出一根长阴线并直接跌破 20 日均线的支撑，同时也突破了前期横盘震荡的下边线，预示着该股未来变盘方向明确向下。

当日成交量也有放大，说明可能是主力在出货。之所以量柱低于前期上涨过程中的那些，大概率是因为主力已经在前期波动过程中分批出货了，这才不用在高位过多交易，下跌当日的量能自然也不算大。

下面来看这一日的具体走势情况。

图 4-9 为鲁阳节能 2022 年 9 月 15 日的分时图。

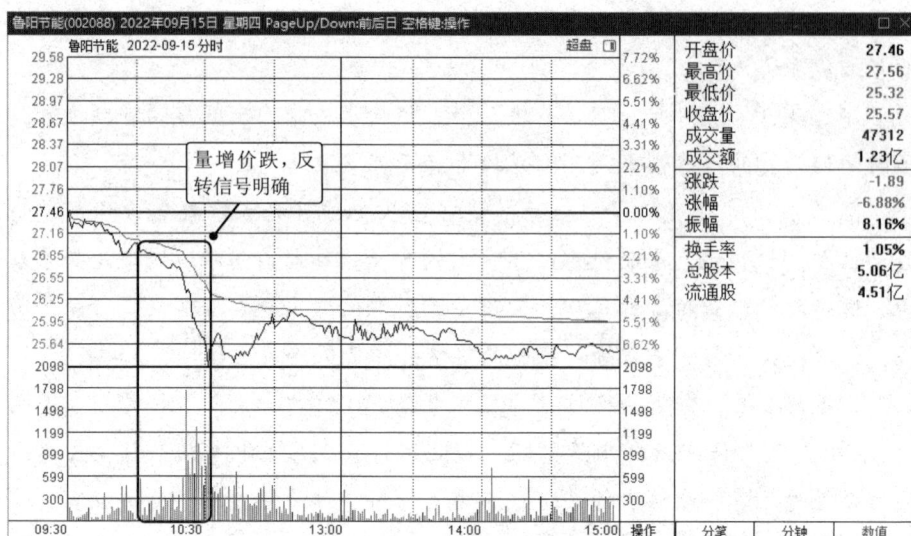

图 4-9　鲁阳节能 2022 年 9 月 15 日的分时图

从图 4-9 中可以看到，该股在开盘后就在持续下跌，10:00 之后更是加快跌速，在成交量放量的压制下迅速落到最低 25.32 元处。后续股价尽管有反弹，但都没有越过均价线，可见上方压力较重，而且市场也没有给予足够的量能支撑，最终该股以 6.88% 的跌幅收出一根大阴线。

而在 K 线图中，股价跌破 20 日均线的同时，MACD 指标也在高位形成一个死叉后下滑，很快便在股价跌破 60 日均线时彻底脱离高位钝化状态，并逐渐靠近零轴，显示出明确的下跌信号，警告投资者及时撤离。

4.1.4　高位量缩价平和 MACD 提前下行

量缩价平指的是在成交量缩减的情况下，股价却长期维持在一定价位水平上下波动的现象，是一种不太极端的量价背离关系。形态可能存在的位置比较多，行情的上升期、下跌期及谷底和高位都有可能出现。

本节所介绍的是行情上涨到高位后出现量缩价平的同时，MACD 指标线提前下滑的背离共振，如图 4-10 所示。

技术图示 量缩价平与绿柱抽脚同步形成

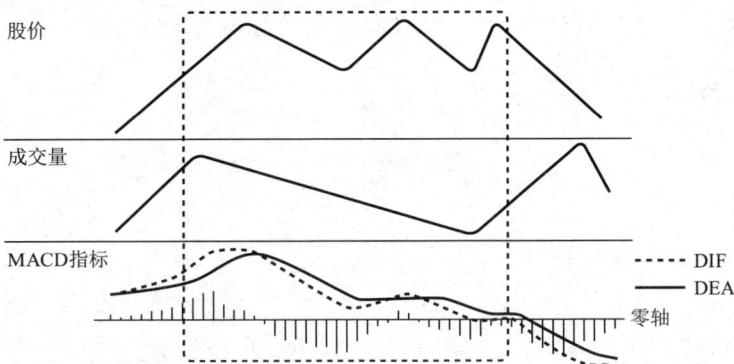

图 4-10　形态示意图

量缩价平出现在高位意味着股价上涨波幅较大，在遇到压力区后进入滞涨。成交量持续缩减的走势表明买盘资金枯竭，无力再支撑上涨。可见高位的量缩价平与量缩价涨的形态意义十分相似，股价最终会选择一个变盘方向，但大概率是向下。

如果 MACD 指标在股价高位震荡的过程中提前向下滑落，或是与股价形成顶背离走势，就更加能够证明未来的变盘方向是下跌，从而预先警示投资者谨慎持股甚至提前止盈。

下面来看实际的案例解析。

实例分析 赫美集团（002356）回调低位量增价跌和 MACD 绿柱抽脚

图 4-11 为赫美集团 2021 年 6 月到 11 月的 K 线图。

从赫美集团前期的上涨走势可以发现，股价是以长期涨停的方式暴涨上行的，其中还夹杂着大量一字涨停线，涨势极为迅猛惊人。

但其实真实涨幅并没有太过夸张，当时的赫美集团因为某些原因被实施了风险预警，因此，单日涨跌幅被限制为 5%。再加上能够参与投资风险交易板股票的投资者需要达到一定的资金门槛，大部分散户是无法交易的，所以这类股票更容易被大资金影响走向，形成暴涨。

即便如此，从 2021 年 6 月的 2.00 元左右的低位上涨至 7 月底的 6.00 元价位线附近，股价也实现了翻倍，带来的收益很大。但也正因如此，行情转势后的被套风险也更大了，投资者要注意及时止盈止损。而帮助确定止盈止损点的对象就是股价与成交量、MACD 指标的背离形态。

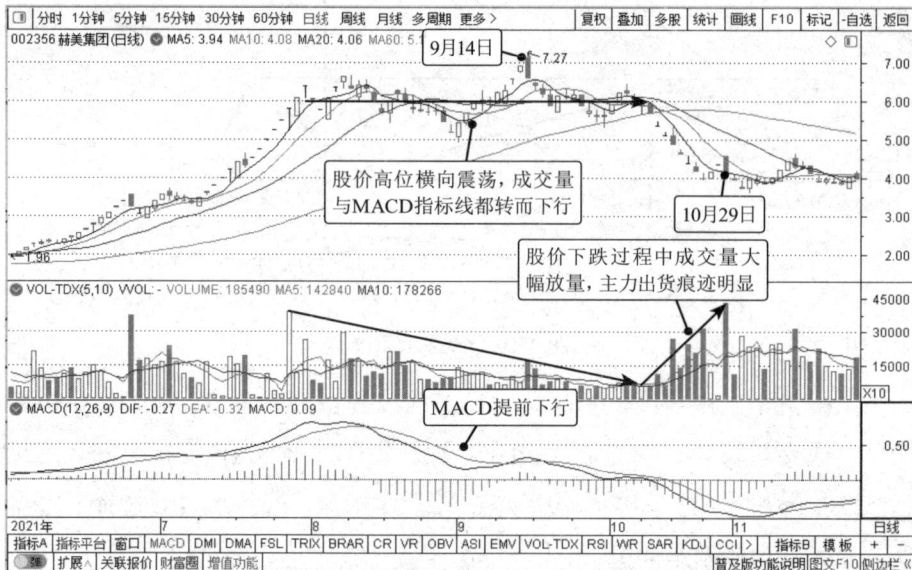

图 4-11　赫美集团 2021 年 6 月到 11 月的 K 线图

在 7 月底股价上涨至 6.00 元价位线附近受阻后，大量获利盘的卖出行为曾导致成交量大幅放量，MACD 指标中的 DIF 也逐渐走平靠近 DEA，使得 MACD 红柱有所缩减。

8 月初股价再度上冲，在 6.50 元价位线上受阻后明显下跌整理，还在 8 月底小幅跌破了 60 日均线的支撑。不过很快该股重整旗鼓回归上涨，再度来到 6.00 元价位线上方运行。

然而在此期间，成交量的放量幅度却远不及前期，整体形成的是量缩价平的背离走势。除此之外，MACD 指标也在形成一个高位死叉后持续下行，即便股价再次上冲也没能带动其上升太多，二者形成顶背离形态，并与量缩价平形态产生共振。

很显然，这是市场推动力不足，行情可能即将转入下跌的预示。再加上股价当前涨势已高，主力随时有出货兑利的可能，谨慎型投资者最好当时就借高卖出，保住前期收益。

9 月上旬，该股在创出 7.27 元新高的当日大幅收阴，阴线实体完全包裹住前一根阳线，形成一个典型的顶部反转形态——阴包阳。而阴线当日的分时走势也表现出市场的看跌情绪。

图 4-12 为赫美集团 2021 年 9 月 14 日的分时图。

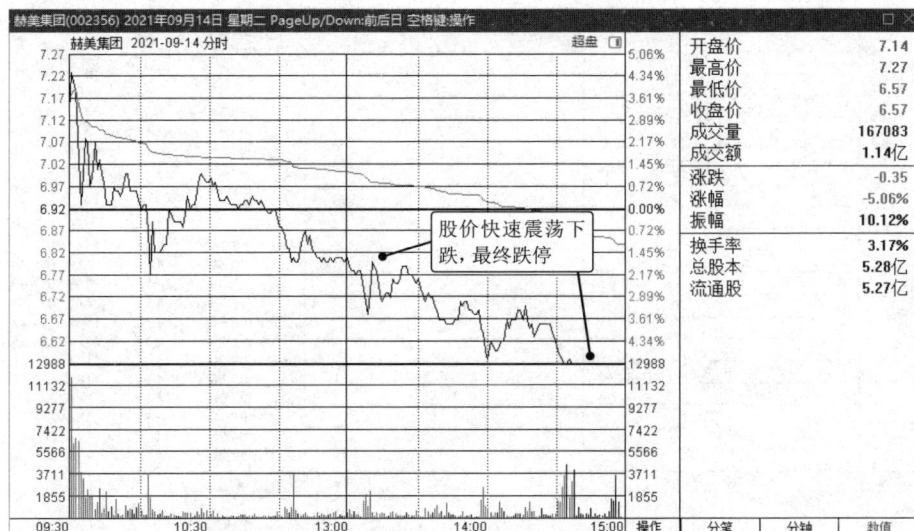

图 4-12　赫美集团 2021 年 9 月 14 日的分时图

9 月 14 日正是股价创新的当日，从股价线走势和右侧的数据中不难看出，该股只在开盘后第一分钟有过积极上涨，当日最高价也是在那时达成的。然而随着时间的推移，股价越跌越猛，越跌越快，最终落到跌停板上封住直至收盘，单日振幅达 10.12%，可见股价是冲上涨停板后再落到跌停板上的。

如此巨大的振幅及盘中关键时刻形成的巨大量柱，说明主力大概率是在借高出货，兑现离场。结合外部 K 线走势中的各种背离信息来看，该股有可能即将转入下跌行情之中，此时还未离场的投资者最好抓紧时间。

此后股价又落到 6.00 元价位线上横盘震荡了一段时间，成交量依旧是长期缩减的，MACD 指标线也在持续下行。由于该股尚没有完全进入下跌，60 日均线还在上行。当其即将与 K 线接触时，该股开始连续跌停并跌破中长期均线，成交量也迅速放量，MACD 指标则彻底跌破零轴，可见这时才是主力大批出货的时机，也证实了前期的背离共振警示信号。

当股价终于落到 4.00 元价位线上止跌时，其间收出的一根阴线也证明了后市很难再继续上涨，下面来看当日分时走势。

图 4-13 为赫美集团 2021 年 10 月 29 日的分时图。

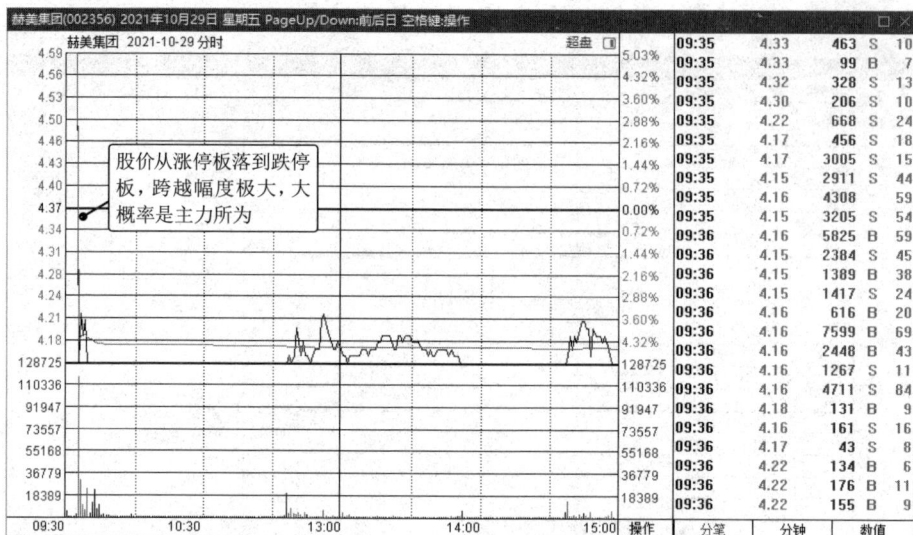

图 4-13　赫美集团 2021 年 10 月 29 日的分时图

10 月 29 日，股价直接以涨停开盘，四分钟后场内出现大卖单砸开了涨停板，使得股价在一分钟内直线下坠到了跌停板上。虽然后续该股有多次开板交易，但这一分钟内的跌幅属实惊人，很显然是主力所为，目的大概率是将手中的剩余筹码抛出。

在此之后该股确实没有再形成过有效的反弹，可见下跌趋势已成定局，已经离场的投资者切忌参与，被套的投资者也最好及时止损出局，避开后市更大的下跌。

4.1.5　低位量增价平和 MACD 缓慢上扬

量增价平指的是在成交量增加的情况下，股价却维持在一定价位水平上下波动，这种现象可以出现在行情的各个阶段。

低位的量增价平说明股价正处于上涨之后的整理期，市场多空双方正在互相角逐，许多场内外投资者持观望态度，市场变盘方向不明。但如果此时的 MACD 指标线能够维持上行，即便是非常缓慢的上行，也能初步预示出股价未来更可能转势向上，如图 4-14 所示。

技术图示 量增价平时 MACD 同步上扬

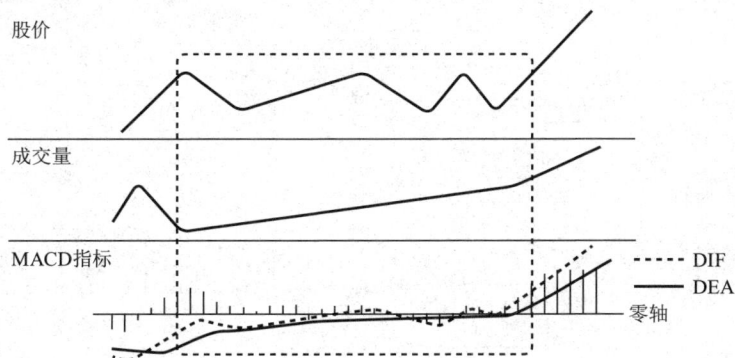

图 4-14　形态示意图

当然，股价是否会变盘向上还需要时间来验证。当变盘时机来临，成交量明显放量支撑 K 线收阳拉升，MACD 指标线又在同一时期形成积极的看涨形态，脱离前期的背离，就能够释放出比较可靠的买进信号，投资者可抓紧时间建仓买进。

下面来看实际的案例解析。

实例分析 比亚迪（002594）整理期间量增价平和 MACD 缓慢上扬

图 4-15 为比亚迪 2022 年 2 月到 7 月的 K 线图。

通过中长期均线的表现可以看出，比亚迪的股价在 2022 年 3 月及以前还处于下跌之中，60 日均线压制在 K 线上方运行，股价多次反弹也没能越过这层阻碍，所以投资者最好不要参与。

3 月上旬，股价在 220.00 元价位线附近得到支撑后开始低位盘整，最终在 3 月下旬形成了一次反弹。虽然该股并没有第一时间突破 60 日均线，但也没有继续下跌，而是在 240.00 元价位线附近横向震荡，带动均线组合走平并黏合在一起。

在此期间，成交量有小幅的放量，后续稍有走平。MACD 指标则随着股价的横向震荡而缓慢向上攀升，形成了背离走势，预示出未来股价可能变盘向上，投资者要注意了。

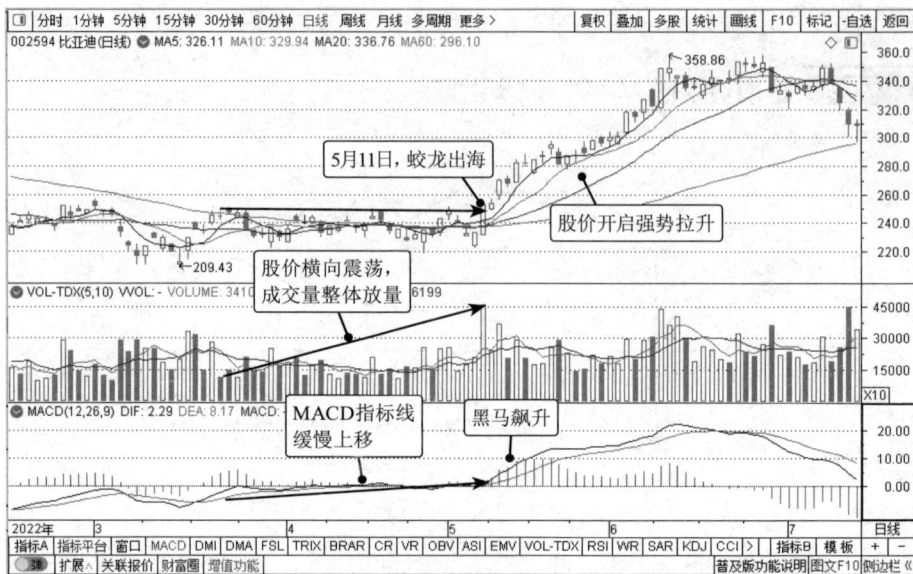

图 4-15　比亚迪 2022 年 2 月到 7 月的 K 线图

越到震荡后期，成交量的放量就越明显，与股价形成的量增价平背离也越发清晰。到了 5 月初，MACD 指标线已经从空头市场中上升到了零轴附近，K 线也多次收阳试探横盘区间上边线，变盘可能即将来临。

5 月 11 日，K 线突然收出一根实体较长的阳线，自下而上穿越了整个均线组合，形成一个蛟龙出海形态。这是股价与均线的组合看涨形态，常见于横盘末期，传递的是积极信号，后市可能即将迎来一波拉升。下面来看当日的具体情形。

图 4-16 为比亚迪 2022 年 5 月 11 日的分时图。

该股在当日开盘后就积极上涨，其间只在 246.66 元价位线处受到了一些阻碍横盘一段时间，不过最终还是坚定向上，于下午时段达到涨停。

而在涨停的同时，盘中挂出的大量买单一举将其封住，最大的一笔达到了 11 166 手，金额达 286 586 556.00 元（11 166×100×256.66）。近 3 亿元的庞大资金显然不是普通投资者甚至普通机构能够拿出来的，主力助涨的意图十分明显，该股后市大概率向好。

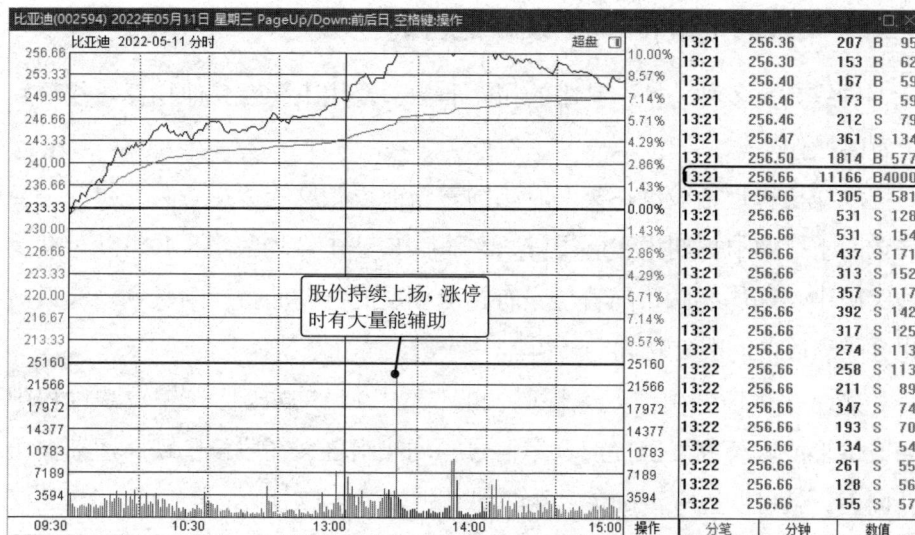

图 4-16　比亚迪 2022 年 5 月 11 日的分时图

　　回到 K 线图中观察，会发现蛟龙出海之后 K 线连连收阳向上跳跃式地拉升，带动均线组合向上发散开来。MACD 指标也同时形成黑马飙升看涨形态，进一步证实了前期的预示信号，投资者此时就可以迅速跟进建仓，抓住后续涨幅了。

4.2　MACD 与均线的背离共振

　　均线全称为移动平均线，又称 MA 指标，是用统计分析的方法（一般是算术平均）将一定时期内的个股成交价格（收盘价）加以平均，并把不同时间的平均值连接起来形成的均价曲线。随着个股的不断运行，均线指标值会不断根据新数据的高低情况而产生变动，进而形成贴合股价运行趋势的曲线。

　　均线是大多数炒股软件默认的主图指标，可见其重要性和实用程度。前面的部分案例中也用到过均线，比如股价与均线配合形成的蛟龙出海形态，对于投资者来说就是很好的助益。本节介绍 MACD 指标与均线配合形成的背离共振信号，辅助投资者抓住恰当的买卖点。

4.2.1　均线向上扭转和MACD底背离

均线具有多种特性，其中的扭转非常适合用来配合其他指标寻找顶底位置的操作点。

均线扭转是指股价在某一时刻向着与前期相反的运行方向发起冲击，与依旧下行的中长期均线形成背离。随后K线击穿均线组合并带动短期均线突破中长期均线后，向着与原有趋势相反的方向而行，中长期均线最后也会随着股价的坚定转向而转折。

如果在行情低位或是大幅回调的低位，MACD指标先在下跌过程中与股价形成底背离发出提前预示信号，均线组合又在股价止跌后逐渐被扭转向上，就可以进一步确定上涨的到来，如图4-17所示。

技术图示 MACD底背离后均线扭转向上

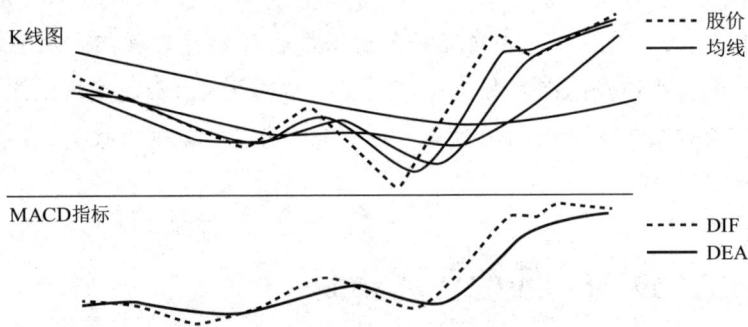

图4-17　形态示意图

在这样的背离共振下，投资者可以定位以下两处比较明显的买点：

① MACD指标底背离成型的位置。此时股价可能仍处于下跌之中，市场积极性尚未被调动，买进风险较高，但成本会很低，适合激进型和风险承受能力比较高的投资者。

②中长期均线被彻底突破并扭转的位置。此时股价可能已经上涨到了比较高的位置，行情反转得到确定，买进风险不大，但成本比较高，适合谨慎型或是风险承受能力较弱的投资者。

下面来看实际的案例解析。

实例分析 宝明科技（002992）低位均线向上扭转和 MACD 底背离

图 4-18 为宝明科技 2023 年 1 月到 7 月的 K 线图。

图 4-18 宝明科技 2023 年 1 月到 7 月的 K 线图

来看宝明科技的这段走势，该股在 2023 年 1 月之前应当是有过一段上涨的，毕竟中长期均线在 2 月初才被彻底跌破并扭转向下。

在后续的三个月内，该股一直处于 60 日均线的压制下运行，其他均线也早已覆盖在 K 线上方。其间股价产生的反弹几乎都没有对 20 日均线和 60 日均线产生明显的扭转，可见市场压制力度还是比较强劲的。

2 月中旬，股价在 40.00 元价位线上短暂停滞后继续下跌，一直落到 30.00 元价位线上方才止住。此时来观察 MACD 指标不难发现，指标线早在股价扭转中长期均线下行之前就跌到了零轴以下，并在后续长期低位横盘运行。但随着后续股价低点的下移，MACD 指标线的低点却反而向上，二者形成底背离。

此次底背离还是股价在 4 月上旬的一次幅度较大的反弹带动形成的，可见市场中的多方一直在潜伏并准备发力。尽管背离形成后股价仍处于较低位置，但后续的收阳拉升依旧带给投资者一些抄底盈利的希望，激进型投资者可以尝试着在此轻仓买进。

再看此时的均线组合，随着股价的逐步收阳回升，5日均线和10日均线率先被突破后扭转向上，相继上穿20日均线后很快也带动其微微上倾。不过60日均线的滞后性很强，因此只是走平，与股价和短期均线形成背离，也与MACD指标构成背离共振。

5月9日到11日，K线连续收出三根大阳线，成功越过中长期均线的压制，并明显将20日均线扭转向上，60日均线也有上行的趋势。而且三根K线的内部走势也十分特殊，进一步确定上涨趋势的成型，这时谨慎型投资者已经可以尝试跟进了。

图4-19为宝明科技2023年5月9日到11日的分时图。

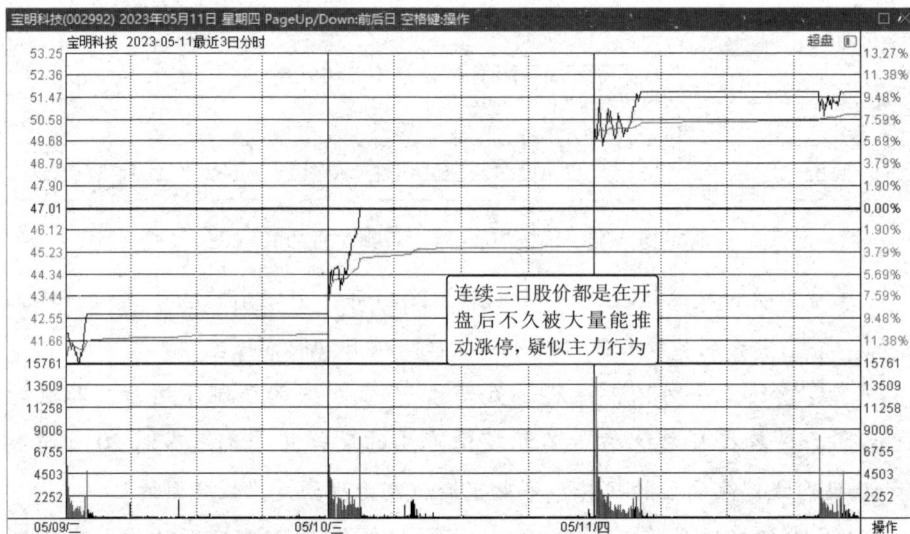

图4-19　宝明科技2023年5月9日到11日的分时图

观察连续三日的股价线走势，投资者会发现它们的状态十分相似，都是在开盘后围绕均价线震荡一段时间，其间量能活跃，说明市场正在积极交易。随后某一时刻成交量突然放出大量柱，将股价一举推到涨停板上封住，最终收出涨停大阳线。

如此相似的走势及较大的量能，说明市场中大概率有主力在参与，目的应当是推动股价迅速冲破中长期均线的压制，吸引多方注资入场，开启下一波拉升。

而回到 K 线图中分析后续的走势，也确实符合这一推测。随着股价的持续上涨，均线组合完全被扭转向上并形成发散，MACD 指标突破到零轴上方后持续拉升，背离形态消散，但也更加明确了上涨信号。前期一直处于观望的投资者要注意抓住时机建仓入场，避免太过压缩获利空间。

4.2.2　均线向上发散和 MACD 漫步青云

均线的发散也是指标的一大特性，需要三条及以上的均线组合才能形成，是指当股价产生明显变盘走势时，多条均线因为时间周期的不同而向着股价变盘方向散开运行的形态，与前期的横盘黏合走势形成背离。至于向上发散形态的具体走势，在前面的案例中已经有所涉及了，相信投资者能够很好地理解。

若在均线发散之前，MACD 指标能够形成漫步青云的看涨背离形态，即 DIF 先在零轴之上跌破 DEA 形成高位死叉，下跌一段距离后回升，于零轴之上突破 DEA 形成金叉后持续上扬，那么背离共振下市场向好的信号将会十分强烈，如图 4-20 所示。

技术图示　MACD 漫步青云后均线向上发散

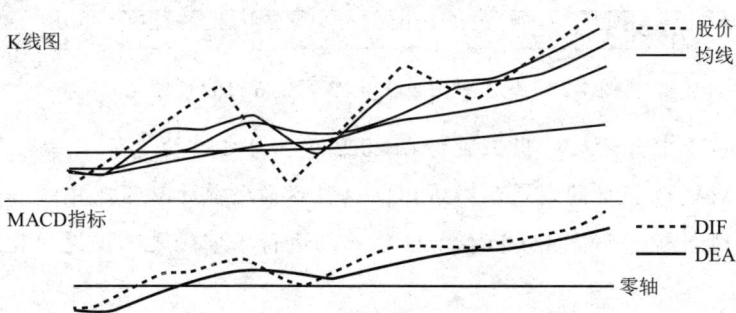

图 4-20　形态示意图

漫步青云更常见于股价上涨的初期，连 DIF 和 DEA 都是从零轴下方回升并形成金叉的。此时的均线也应当刚从下跌中缓和过来，中长期均线可能还在走平，只有短期均线在跟随股价向上攀升。

那么当漫步青云形态彻底成型，中长期均线逐步扭转上行，均线组合也开始向上发散，谨慎型投资者就可以大胆跟进了。激进型投资者其实在MACD指标线突破零轴时就可以尝试介入，但要注意仓位管理，在后面均线发散时还可以加仓。

下面来看实际的案例解析。

实例分析 川恒股份（002895）上涨初期均线向上发散和MACD漫步青云

图4-21为川恒股份2022年3月到6月的K线图。

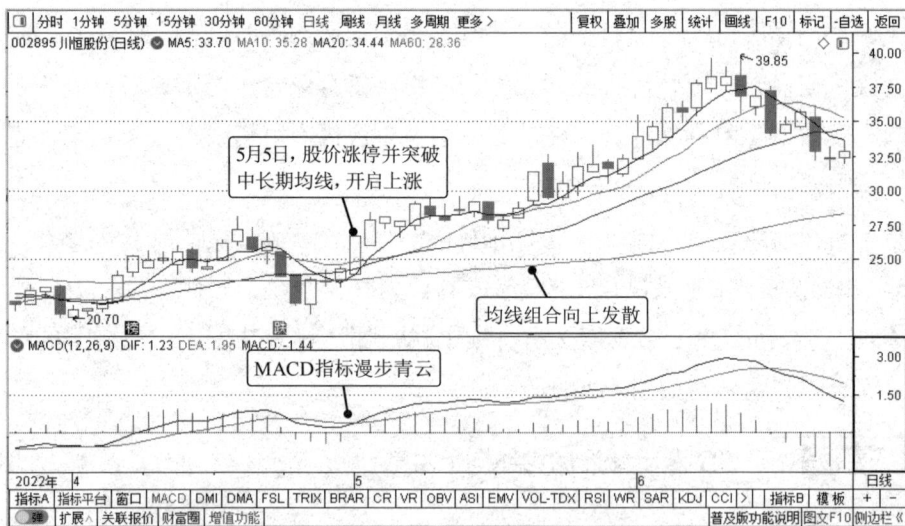

图4-21　川恒股份2022年3月到6月的K线图

图4-21中并未展示川恒股份在2022年3月之前的走势，但是从60日均线和MACD指标的表现不难看出，该股不久之前才从下跌中缓和过来，60日均线渐渐走平，MACD指标线也长期运行于零轴之下，说明股价还在低位震荡。

直到进入4月后，市场才蓄积了足够的助涨动能，很快将价格推到60日均线之上。MACD指标线受其影响也突破零轴进入多头市场之中，释放出看涨信号，部分激进型投资者可尝试买进。

半个月后，股价在27.50元价位线上受阻后回调，低点小幅跌破60日均线后得到支撑回升，很快又站稳了脚步。MACD指标在股价下跌的带动下先是形成一个高位死叉，不过股价迅速止跌回升的走势也使其反转向上，在零轴上方不远处形成一个金叉后继续上行。

　　这显然是一个标准的漫步青云形态，DIF 与 DEA 之间的背离充分说明了股价波动的向好性。而在 DIF 突破 DEA 形成金叉的同时，盘中也有其他积极信号出现。

　　图 4-22 为川恒股份 2022 年 5 月 5 日的分时图。

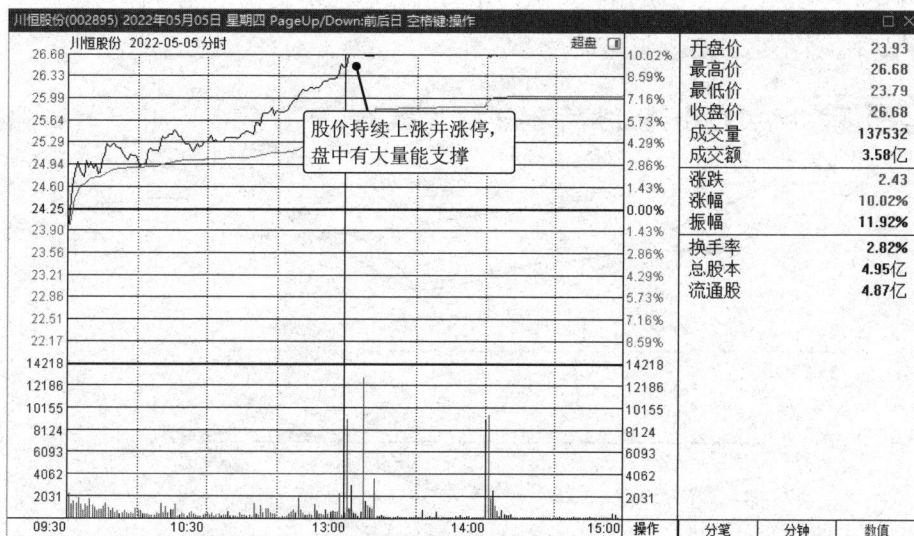

图 4-22　川恒股份 2022 年 5 月 5 日的分时图

　　5 月 5 日正是股价站稳后带动 MACD 指标形成金叉的交易日，从当日的分时走势可以看到，该股在开盘后就形成了直线拉升，几分钟后减缓上涨步伐，但趋势十分稳定。

　　到了下午时段，成交量大幅放量成功将股价打到涨停板上封住，后续虽有开板交易，但时间非常短暂，开板幅度也不大，可见市场多方挂单还是非常积极的，主力也在注资推涨。最终该股以涨停收盘，在 K 线图中稳稳站在均线组合之上，预示着下一波拉升的到来。

　　在此之后，股价持续上行，偶有回调幅度也不大，带动 60 日均线彻底扭转向上，均线组合也逐渐向上发散形成多头排列（即短期均线在上，中长期均线在下的看涨排列形态，期间均线不可交叉），与 MACD 指标配合，指示投资者及时买进。

4.2.3　均线向上发散和 MACD 小鸭出水

MACD 指标的小鸭出水形态指的是 DIF 和 DEA 两次在零轴之下形成低位金叉后突破到多头市场中的指标内部要素背离形态。

在小鸭出水成型后，股价可能还没有彻底转入上涨。若是均线组合能够在后续完成向上的扭转并发散，个股后市看涨的信号就能够得到进一步确认，如图 4-23 所示。

技术图示 MACD 小鸭出水后均线向上发散

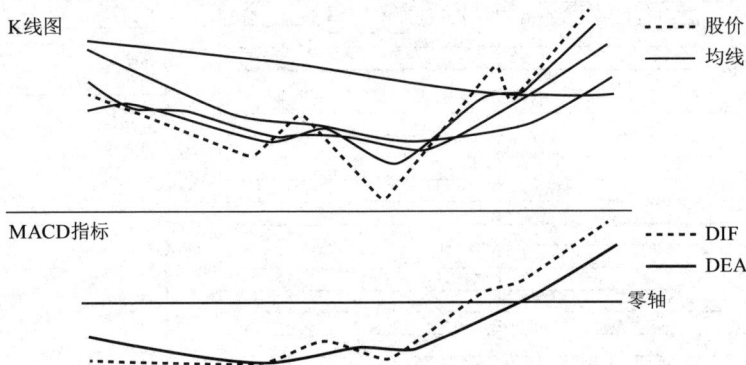

图 4-23　形态示意图

MACD 指标小鸭出水形态可能是在股价下跌的过程中构筑的，因此可能会与之形成底背离。但有些时候，股价在低位横盘震荡或是小幅上扬的走势，也会导致 MACD 指标走出小鸭出水的形态。

无论如何，只要均线组合能够在股价越发快速地上涨带动下形成向上的扭转乃至发散，投资者就可以尝试着在合适的位置建仓，建仓点的选择主要取决于投资者的操作策略和风险承受能力。

下面来看实际的案例解析。

实例分析 南方传媒（601900）低位均线向上发散和 MACD 小鸭出水

图 4-24 为南方传媒 2023 年 12 月到 2024 年 4 月的 K 线图。

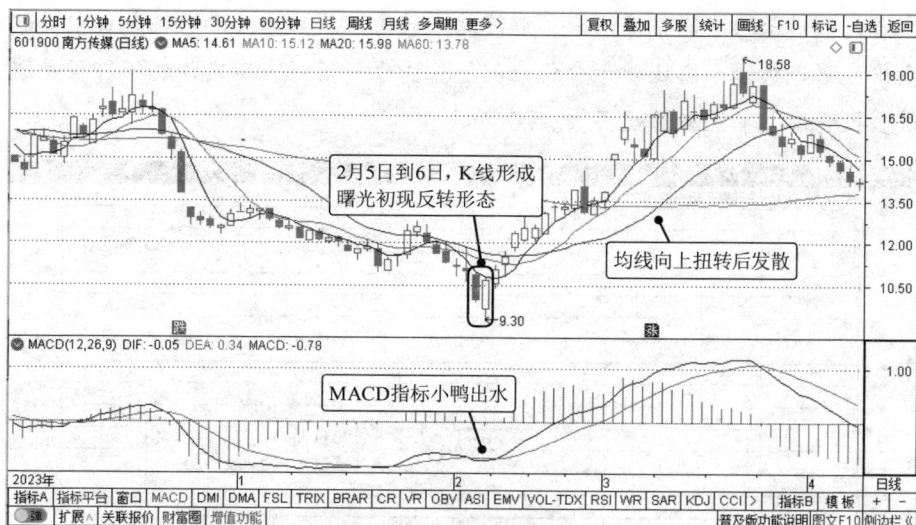

图 4-24 南方传媒 2023 年 12 月到 2024 年 4 月的 K 线图

在南方传媒的这段走势中，股价在 2023 年 12 月时已经进入了下跌状态，60 日均线走平并与 K 线纠缠在一起，其他均线也趋于横向震荡。在 12 月下旬，K 线开始连续收阴快速下跌，导致均线组合迅速向下发散开来，MACD 指标线也进入零轴以下。

后续该股虽减缓了下跌速度，但趋势走向还是明确向下的，因此中长期均线状态不变。MACD 指标线反而因此开始横向走平，在空头市场中形成低位钝化，暂时失去了指示意义。

这样的走势一直持续到 2024 年 2 月初，股价在接触到 10.50 元价位线的当日大幅收阴下跌，次日却反转收出大阳线，阳线实体深入阴线内部一半以上，形成的是一个典型的底部反转形态，被称为"曙光初现"。

下面来看这两个交易日的分时走势情况。

图 4-25 为南方传媒 2024 年 2 月 5 日到 6 日的分时图。

从这两日的分时走势对比图来看，该股在 2 月 5 日的大部分时间内都被压制在均价线之下运行，均价线在这里的作用就如同 K 线图中的中长期均线一般。即便下午时段股价线成功突破均价线，最终也没能以高价收盘，因此投资者还需观望。

而到了 2 月 6 日，股价就有了明显的转势迹象，在开盘半个小时后积极

上涨，被活跃的量能推动向上，最终收出的大阳线实体上端大幅越过前日收
盘价，曙光初现形态还是十分标准的。但由于行情还未确定逆转，即便是激
进型投资者也不宜当时就买进。

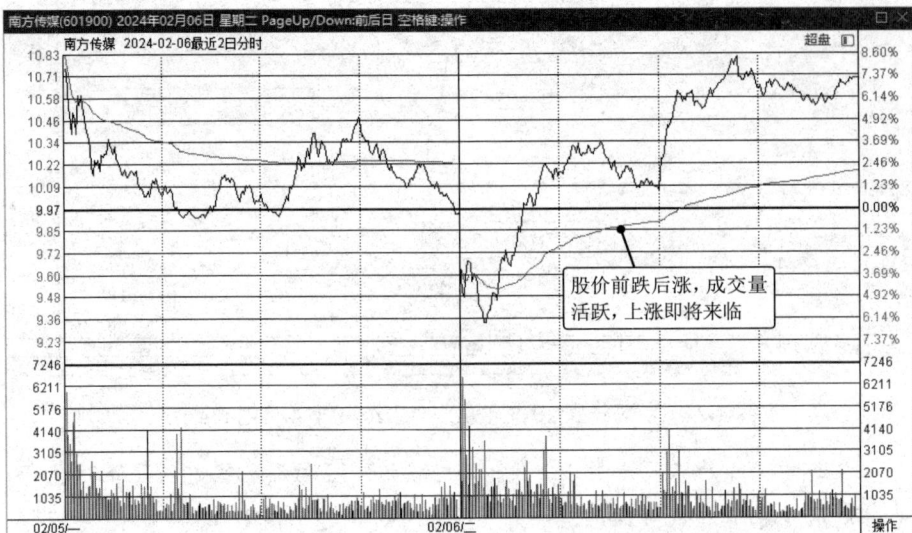

图 4-25　南方传媒 2024 年 2 月 5 日到 6 日的分时图

回到 K 线图中观察可以发现，在曙光初现形成后，MACD 指标线也在
零轴下方筑底回升，形成一个低位金叉。然而在前期股价小幅反弹的过程中，
DIF 与 DEA 已经构筑过金叉了，此时的金叉无疑代表着小鸭出水形态的成型，
同时 MACD 指标也与股价形成了底背离。

小鸭出水和底背离已经是比较明显的反转信号了，再加上曙光初现形
态，该股后市转入上涨的可能性还是很大的，激进型投资者可以在后续拉升
的过程中尽早跟进建仓。

数日之后，K 线连续收阳成功越过 20 日均线的束缚，并带动其扭转向
上与 60 日均线形成背离。此时的 60 日均线还在缓慢向下，但随着价格的持
续攀升，该均线日渐走平，最终于 2 月底被 K 线突破，构筑出一个谨慎型买点，
场外观望的投资者可以追涨。

一直到进入 3 月后，60 日均线才形成明显的扭转，均线组合也正式向
上发散并形成多头排列。不过此时的价格已经上涨到了比较高的位置，可见

投资者也不要一直死板等待 60 日均线转向，只要前期信号强度足够就可以及时买进，以扩大获利空间。

4.2.4　均线向下扭转和 MACD 顶背离

均线的向下扭转是指在股价下跌的带领下，短期均线扭转中期均线，中期均线扭转长期均线，最终全部由震荡或向上运行转为向下发散的均线内部背离形态。

在扭转的过程中，股价可能会继续向上创出新高，然而随着市场推涨动力的降低，MACD 指标线可能会与之形成顶背离，进而与均线的扭转组合形成背离共振，如图 4-26 所示。

技术图示 MACD 顶背离后均线扭转向下

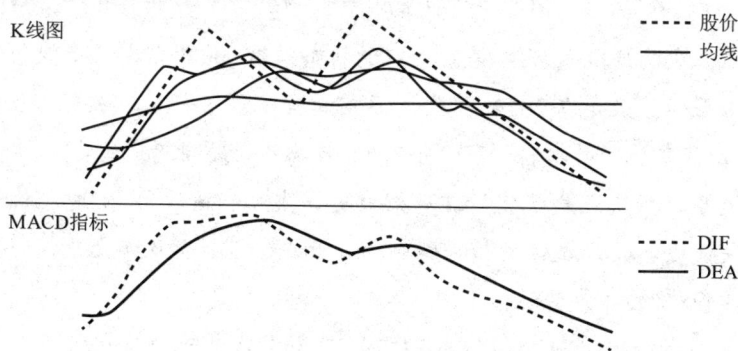

图 4-26　形态示意图

这种背离共振很显然是行情即将逆转下跌的标志，而且由于行情高位惜售持仓的风险远远大于上涨初期提前买进的风险，投资者最好在 MACD 指标顶背离出现后就卖出，不一定非要等到均线组合完成扭转和发散再出手，这样的损失就太大了。

下面来看实际的案例解析。

实例分析 三诺生物（300298）高位均线向下扭转和 MACD 顶背离

图 4-27 为三诺生物 2022 年 12 月到 2023 年 4 月的 K 线图。

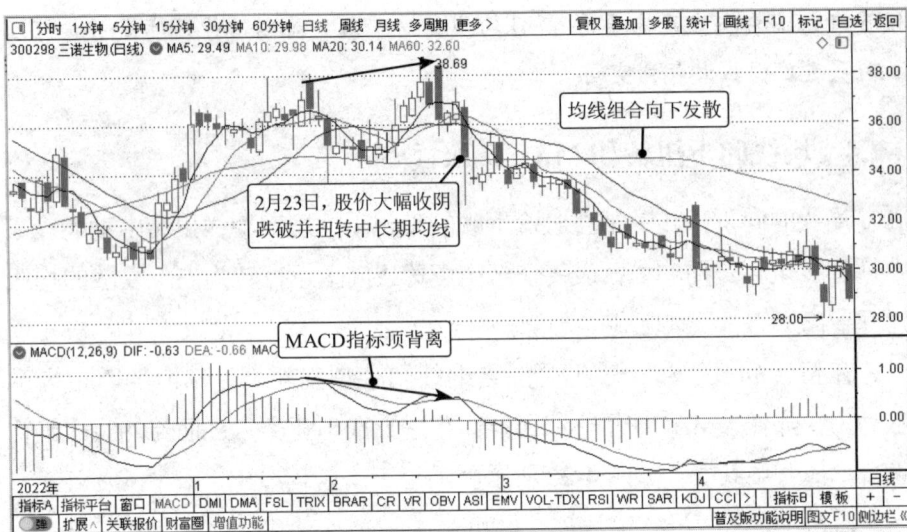

图 4-27　三诺生物 2022 年 12 月到 2023 年 4 月的 K 线图

从三诺生物这段走势中 60 日均线的状态来看，该股前期还是经历过比较积极的上涨的，只是在 2022 年 12 月之前转势下跌了，5 日均线、10 日均线和 20 日均线都已经被扭转向下，唯有 60 日均线还维持着上行。

不过后续股价还是跌破了这一关键支撑线，一直落到 30.00 元价位线附近才止跌企稳。数日之后 K 线大幅收阳拉升，进入强势反弹之中，将原本就在上行的 60 日均线走势延续下去。

与此同时，MACD 指标线也回归到多头市场中并持续上行，释放出清晰的买进信号，吸引大量投资者入场抢反弹，前期被套的投资者也可借此机会解套。

2023 年 1 月中旬，股价向上接触到 38.00 元价位线，当日冲高回落收出带长上影线的小实体阳线，显然没能突破成功。数日之后股价再度向上发起冲击，然而也无法彻底突破，后续进入回调整理之中。

观察均线与 MACD 指标的表现可以发现，均线组合已经整体走平，60 日均线承托在 K 线下方横向运行，另外三条均线则与 K 线纠缠在一起。MACD 指标线也受此影响构筑出高位死叉后下滑，形成一个高点。

2 月初，股价跌到 60 日均线上重拾升势，开始连续上涨，MACD 指标也回归上升，DIF 上穿 DEA 形成高位金叉。2 月中旬，股价成功越过了前期高点，但也只是小幅越过，很快就转势下跌了。

与此同时，MACD 指标也跟随形成高位死叉下行，并且高点相较于前期有明显下移，与高点上扬的股价形成顶背离。

价格数次突破压力线不成的走势已经说明上方压制力的沉重，结合当前行情整体处于下行的状态来看，投资者确实应当在此及时卖出止盈，尤其是前期被套的投资者。

2 月 23 日，盘中出现了更加清晰的卖出信号，如图 4-28 所示。

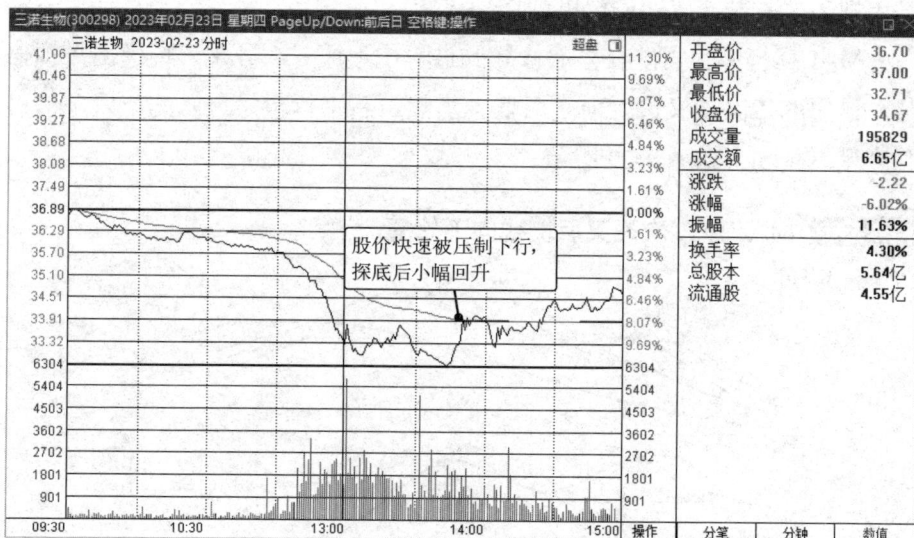

图 4-28　三诺生物 2023 年 2 月 23 日的分时图

在当日的分时走势中，股价早盘期间的跌势十分明显，而且越到后期下跌速度越快，成交量量能持续膨胀，显示盘中有主力在压价。虽然下午时段股价有回升，但最终也没能以高价收盘。

在 K 线图中，当日的阴线自上而下跌破整个均线组合，并且阴线实体也是近期最长的之一，可见看跌信号的强度之大。再加上 20 日均线也已经被扭转向下，投资者最好尽快卖出。

就算股价跌势如此明显，60 日均线也直到 3 月底才被彻底扭转向下。而这时的价格已经来到了 30.00 元价位线附近，相较于高处的 38.00 元，跌幅约有 21%，可见投资者不及时出局所遭受的损失有多大。

4.2.5 均线向下修复和 MACD 二次死叉

均线的修复是 K 线与均线配合形成的一种特殊走势，其成因在于 K 线与均线之间乖离值（简单来说就是相隔的距离）的变化，当二者乖离值过大时，K 线就会朝着均线靠拢。

向下修复就是指股价短时间内上涨幅度过大或速度过快，与中长期均线拉开较大距离后主动下跌靠近的背离走势。这种修复在上涨行情中可能会出现多次，每一次回调都可视作一次修复。

MACD 指标也可能在多次修复的过程中形成二次死叉，传递出见顶信号。这里的二次死叉最好前高后低，当然二者平行也是可以的，只是信号强度稍有减弱，如图 4-29 所示。

技术图示 MACD 二次死叉后均线向下修复

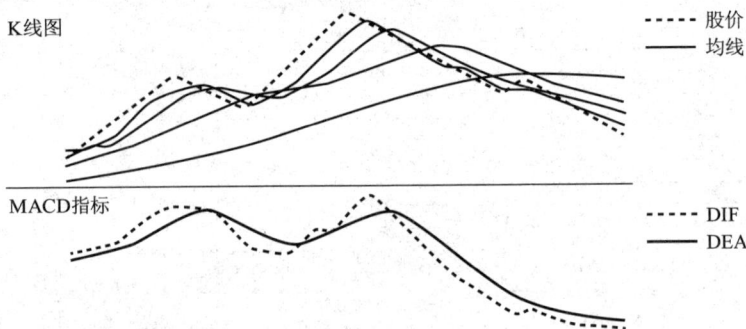

图 4-29 形态示意图

股价主动下跌靠近均线的修复运行到最后，一般都能够得到中长期均线的支撑而继续上涨，这被称为均线的服从，即 K 线和短期均线服从中长期均线的走势。

但如果 K 线和短期均线彻底跌破中长期均线并将其扭转向下，均线的修复即宣告结束，行情即将转势。在此之前，MACD 指标的二次死叉就是提前警告信号，投资者要注意先在二次死叉的位置适当减仓，惜售型投资者在发现中长期均线被跌破后也要及时出局。

下面来看实际的案例解析。

实例分析 联特科技（301205）高位均线向下修复和 MACD 二次死叉

图 4-30 为联特科技 2023 年 4 月到 8 月的 K 线图。

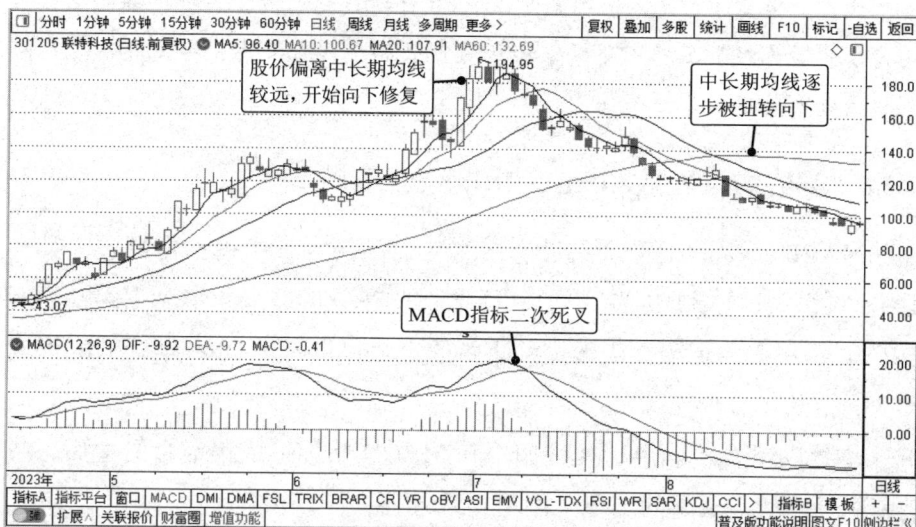

图 4-30　联特科技 2023 年 4 月到 8 月的 K 线图

在图 4-30 中，联特科技正处于涨跌趋势转换的过程中，并且转换得十分干脆利落，均线组合走势清晰，接下来进行细致分析。

2023 年 4 月到 6 月，股价的涨势十分稳定强势，只在 5 月底到 6 月初时形成过一次比较明显的回调修复，低点在小幅跌破 20 日均线后就继续回升了。不过这次回调也带动 MACD 指标在高处形成一个高位死叉后才再度转势向上，DIF 回归 DEA 上方。

后面一波上涨的速度更快，股价逐渐与 60 日均线拉开较大的距离。6 月底时，该股在 190.00 元价位线下方受阻后横向震荡，有向 60 日均线靠近修复的迹象。

此时来观察 MACD 指标可以发现，DIF 已经开始走平并靠近 DEA。随着横盘结束股价收阴下跌的步伐，DIF 跌破 DEA 形成又一个高位死叉，相较于前一个死叉来说基本走平，与上行的股价形成背离。而且二次死叉本身也能说明潜在的下跌可能，谨慎型投资者现在就应当卖出。

股价的下跌也是在朝着中长期均线修复，这一次 20 日均线没能强力支撑股价，而是在被跌破后不久就扭转向下。

到了7月底，K线和短期均线相继跌破60日均线，惜售型投资者此时也不能继续停留了。进入8月后不久，60日均线逐渐被扭转走平并向下，市场行情明显已经彻底转入下跌，连比较有效的反弹都没有，可见股价主动修复后跌破中长期均线的杀伤力。

4.2.6 均线向下发散和MACD拒绝金叉

MACD指标的拒绝金叉形态没有在前面的章节中单独介绍过，其实形态很简单，是指DIF跌到DEA下方后，在股价反弹的带动下回升靠近DEA试图突破，但最终失败继续下跌的走势，也就是DEA拒绝DIF形成金叉，名称十分形象。

均线向下发散的走势往往出现在MACD指标形成拒绝金叉之后，或是在多个拒绝金叉之间出现，如图4-31所示。

技术图示 MACD拒绝金叉后均线向下发散

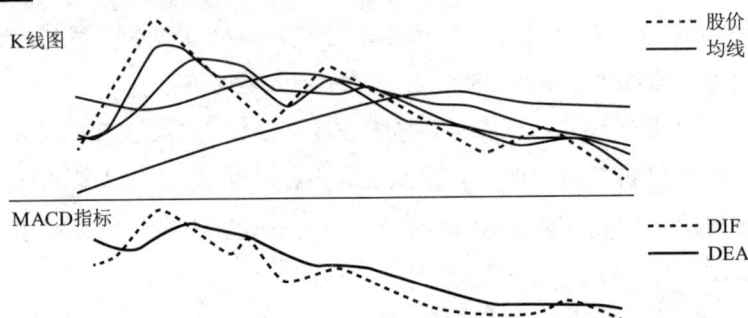

图4-31　形态示意图

无论均线在何时向下发散，只要MACD指标拒绝金叉与之在同一时期形成，信号方向就会很一致，即股价已经转入下跌，投资者不可久留。

下面来看实际的案例解析。

实例分析 唐德影视（300426）高位均线向下发散和MACD拒绝金叉

图4-32为唐德影视2023年4月到8月的K线图。

从唐德影视的股价走势可以发现，该股在此期间不仅有MACD指标和均线在传递信息，K 线也构筑出了一个十分少见和特殊的顶部形态，那就是高位等腰三角形。

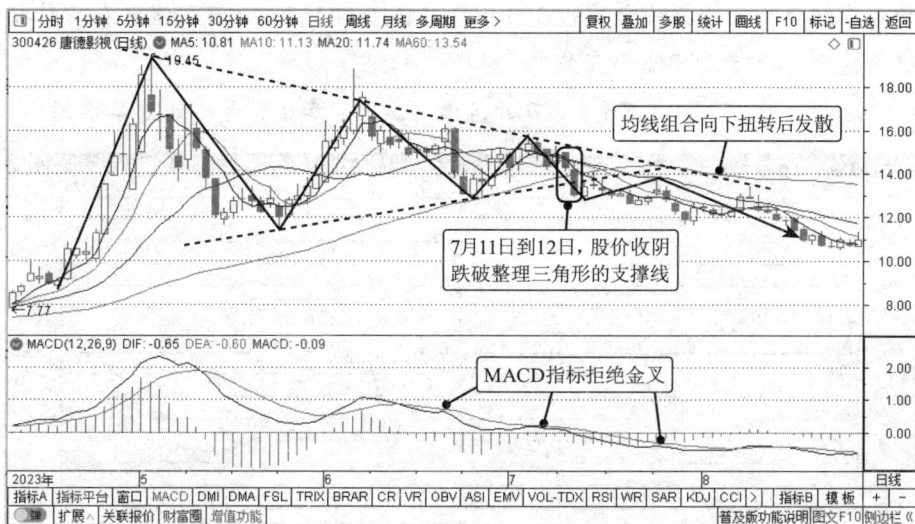

图 4-32　唐德影视 2023 年 4 月到 8 月的 K 线图

等腰三角形实际是一种整理形态，具体是指股价运行到某一位置后开始横向震荡，震荡高点和低点渐次往中间收敛，分别连接高点和低点，可得到一个尖角向右的等腰三角形。当其出现在行情高位，股价最终跌破下边线后，整理形态就会转变为顶部形态。

唐德影视的股价就在这段时间内构筑出了一个十分标准的等腰三角形。该股先是在 2023 年 4 月底进行一次大幅上涨，于 19.00 元价位线上方受阻后快速下跌，低点落到 12.00 元价位线上。

不久后股价重新上涨，这次在 18.00 元价位线下方就受阻回落了，低点在 13.00 元价位线上得到支撑。第三次上涨的压力线则下降到 16.00 元价位线处，但低点却落到与前期相近的位置。

现在分别将高点与高点、低点与低点连接起来，就能得到一个等腰三角形。然而股价的第三次下跌已经跌破了三角形下边线，后续数日也没能回升到上方，可见变盘已经来临，方向还是向下的。

这时再回过头来观察整理三角形期间的 MACD 指标会发现，指标线只是在股价前两次涨跌过程中有过交叉，后续随着涨跌幅度的缩减，DIF 多次向上靠近 DEA 但都没能突破，形成多个拒绝金叉。

再看均线，股价收阴跌破等腰三角形下边线的同时也跌破了黏合在一起的均线组合，早已拐头向下的 5 日均线、10 日均线和 20 日均线也在后续相继跌破 60 日均线，开始向下发散。

除此之外，7 月 11 日和 12 日的盘中也出现了卖出信号，如图 4-33 所示。

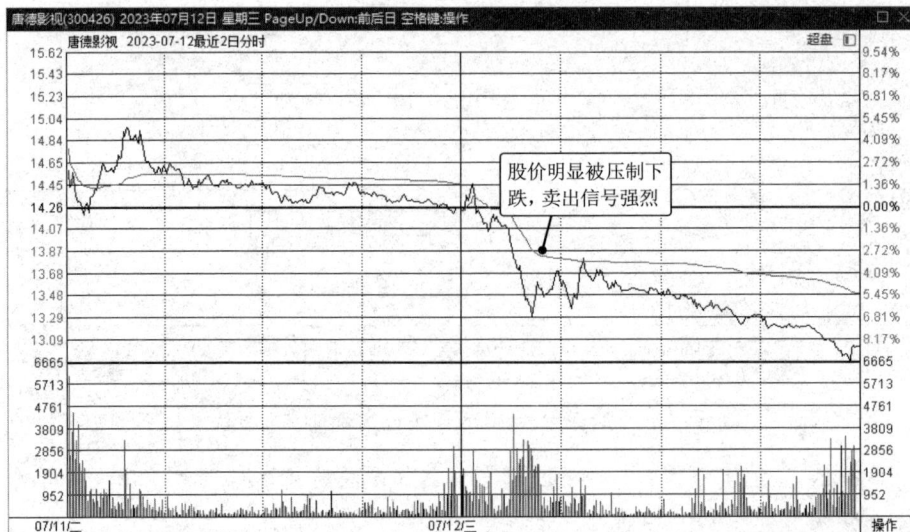

图 4-33　唐德影视 2023 年 7 月 11 日到 12 日的分时图

7 月 11 日的跌势尚不明显，可见市场在蓄势。但 7 月 12 日开盘后的快速下跌就充分确认了股价跌破关键支撑线进入下跌行情的信号。成交量在股价线下跌的同时还有过放量，可能是主力在压价，那么该股后续回归上涨的难度就更大了。

回到 K 线图中继续分析，MACD 指标、均线及 K 线形态、分时图都已经明确形成看跌信号，MACD 指标与均线形成的还是背离共振，清晰预示出了下跌行情的到来。此时还握有筹码尚未清仓的投资者，就要迅速止损卖出，避开后市下跌。

4.3　MACD 与 KDJ 的背离共振

KDJ 指标中文名称为随机指标，结构简单、应用简便，适合各种类型和持股周期的投资者使用。它主要以"平衡位置"为理论核心，通过观察价格在短期内脱离"平衡位置"的程度来考察当前价格脱离正常波动范围的程度，以此作为研判市场是否异动的依据。

简单来说，KDJ 指标就是一种衡量市场是否有超买超卖行为的指标。所谓超买超卖，是指市场短时间内看涨或看跌情绪过于高涨，买卖力度较大，导致股价在某段时间内过度上涨或下跌的情况。

根据均线的修复特性及市场的一般规律，股价过度上涨或下跌后，是有可能产生大幅回调或是强势反弹的。因此，这也是一种预先判断行情转折的手段，但投资者要学会使用，才能提高准确性。

KDJ 指标拥有三大摆动区域，其中 0 ~ 20 为超卖区，20 ~ 80 为常规运行区域，80 ~ 100 为超买区。KDJ 指标的三条指标线在这三大摆动区域内能够运行的范围也不同，K 曲线和 D 曲线不能超过 0 ~ 100 的界限，但 J 曲线可以越过 0 线和 100 线。当指标线运行到超买、超卖区时，自然会释放出股价超涨或超跌的信号。

不过与 MACD 指标一样，KDJ 指标也可能与股价形成背离，若两指标同步与股价形成同向的背离共振，投资者就可以提前抓住转折时机，进而及时采取相应策略做多或做空，赚取收益。

下面就来介绍两种常见的 KDJ 指标与 MACD 指标背离共振。

4.3.1　KDJ 与 MACD 双指标顶背离

KDJ 指标与股价的顶背离是指在行情高位，股价高点不断上移的同时，KDJ 指标中的 K 曲线高点却明显下移的情况。实际上与 MACD 指标的顶背离走势是一样的，如果两个指标能够在同一阶段与股价产生顶背离，反转背离共振信号就会十分强烈，如图 4-34 所示。

KDJ 指标和 MACD 指标分开来分析都能很好地帮助投资者确定转折点，背离共振下释放的信号自然更为准确可靠，有时候盘中还会出现其他看跌信号增强其有效性。谨慎型投资者完全可以在背离成型后立即止盈离场，惜售型投资者在背离成型股价开始反转之后，也要及时止损。

技术图示 双指标同步与股价顶背离

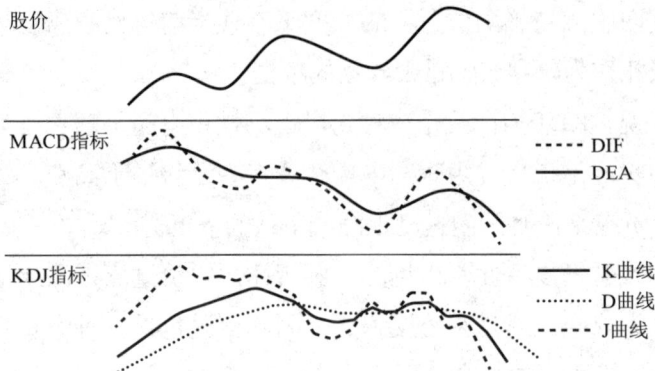

图 4-34　形态示意图

下面来看实际的案例解析。

实例分析 长药控股（300391）KDJ 指标和 MACD 指标顶背离

图 4-35 为长药控股 2021 年 6 月到 12 月的 K 线图。

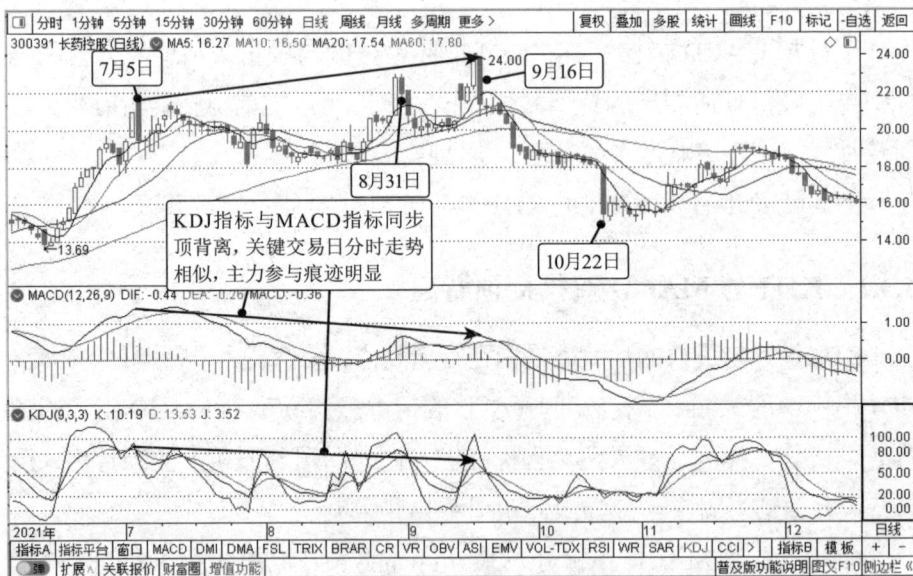

图 4-35　长药控股 2021 年 6 月到 12 月的 K 线图

在长药控股的这段走势中，股价前期还处于上涨，中长期均线承托在下方。在 2021 年 7 月初、8 月底和 9 月中旬，股价形成了三个比较明显的高点，并且是渐次上移的。但反观这段时间的技术指标可以看到，无论是 KDJ 指标还是 MACD 指标，低点都在下移，与股价形成了双指标背离共振。

除了这一明显的警示信号之外，股价在三个高点处都有长阴线出现，这几个交易日盘中的走势也传递出了某些信息，如图 4-36 所示。

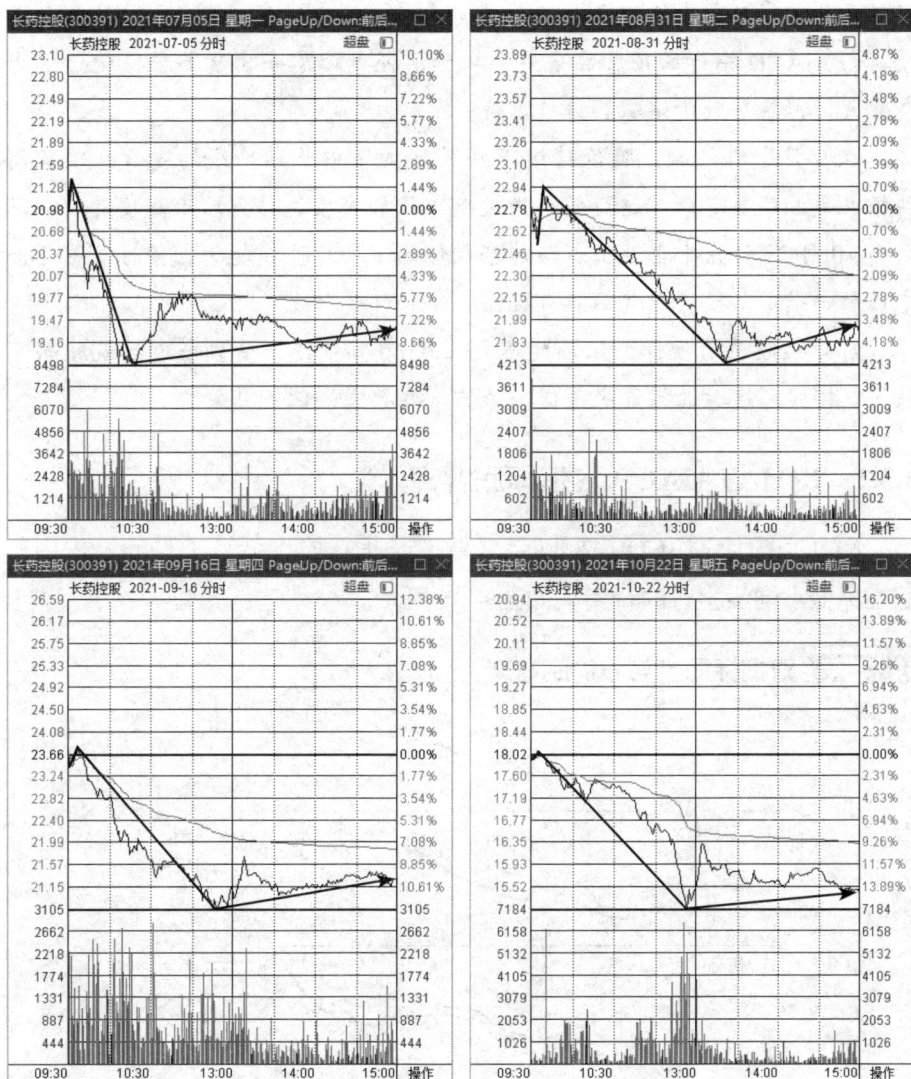

图 4-36　长药控股关键交易日的分时图

先看 7 月 5 日、8 月 31 日及 9 月 16 日的分时走势，它们都形成于三个高点处。从其分时图中可以清晰看到，这三个交易日的股价线走势高度相似，都是在开盘后小幅上冲，几分钟后在成交量放量的压制下转势快速下跌，落到某一低点后再被拉起，最后以低价收盘。

如此相似的走势出现在关键交易日中，有很大可能是主力参与造成的，目的无非是震仓或出货。根据K线走势来看，二者皆有可能。那么结合KDJ指标与MACD指标的顶背离来看，投资者还是以尽早出货为佳，避免主力突然大批抛售导致价格骤然转折下跌。

在9月中旬之后，股价持续下跌并跌破了中长期均线的支撑，顶背离共振也更加明显起来。这说明行情大概率已经发生逆转，后市高度看跌。那么当10月22日盘中再度出现与前期相似的下跌后被拉起的走势时（图4-36中最后一张），投资者就不能再犹豫。

后市该股虽有反弹，但幅度不大，在60日均线上受到压制后就转而下跌了，持股到这时的投资者可借高降低一些损失，但不可久留。

4.3.2 KDJ与MACD双指标底背离

KDJ指标与MACD指标同步底背离是指在股价低点下移的过程中，双指标低点同步上行的背离，如图4-37所示。

技术图示 双指标同步与股价底背离

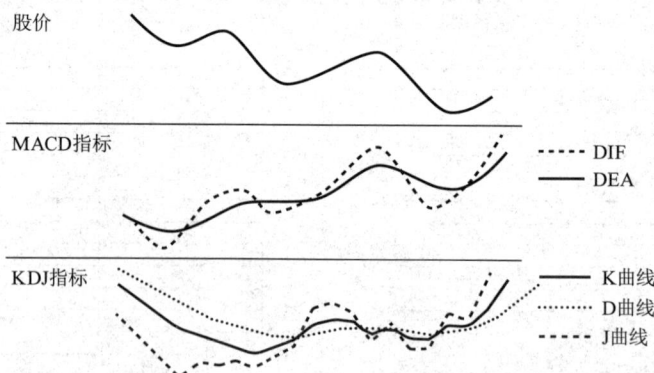

图4-37 形态示意图

这样的背离共振释放出的自然是鲜明的反转上涨信号，说明市场跌势减缓，不久之后股价就可能回归上涨。投资者可以不着急在背离共振形成的同时买进，而是更多地关注 K 线突破中长期均线的位置，在那时买进才能更好地降低风险。

下面来看实际的案例解析。

实例分析 舍得酒业（600702）KDJ 指标和 MACD 指标底背离

图 4-38 为舍得酒业 2022 年 3 月到 7 月的 K 线图。

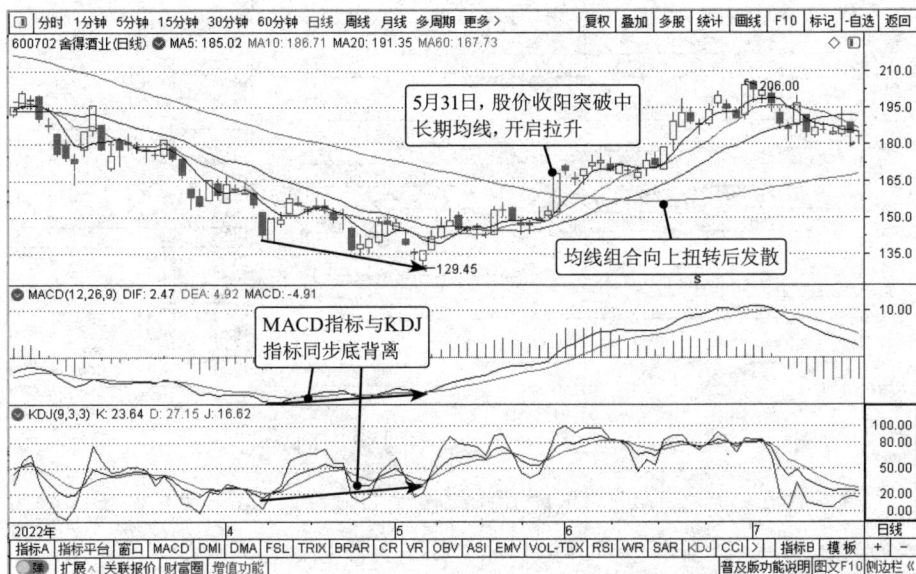

图 4-38　舍得酒业 2022 年 3 月到 7 月的 K 线图

在舍得酒业的这段走势中，股价于 2022 年 3 月到 4 月走出了逐浪下降的形态，这是一种持续性看跌形态，中长期均线在此期间的压制力比较强，投资者是不可以轻易入场的。但有一种情况不一样，那就是底背离共振。

进入 4 月后，股价在 135.00 元价位线上方不远处止跌后小幅反弹，数日后继续下跌落到该价位线上，低点仍然在下移，但 KDJ 指标和 MACD 指标的低点都反而上移，与之形成了底背离共振。

要知道这两个指标在之前还都是在下降的，此时突然反转向上，很有可能意味着市场多方已经在发力上推，股价即将见底回升。不过股价在此之后尚未立即突破中长期均线的压制，谨慎型投资者还需等待时机。

5 月初，该股跌到 129.45 元的位置止跌，低点依旧下移，而 KDJ 指标和 MACD 指标的低点还在上移，底背离共振仍然有效。并且此后股价成功越过了 20 日均线，在其上方横向整理一段时间后，于 5 月 31 日大幅拉升彻底突破 60 日均线，当日的分时走势如图 4-39 所示。

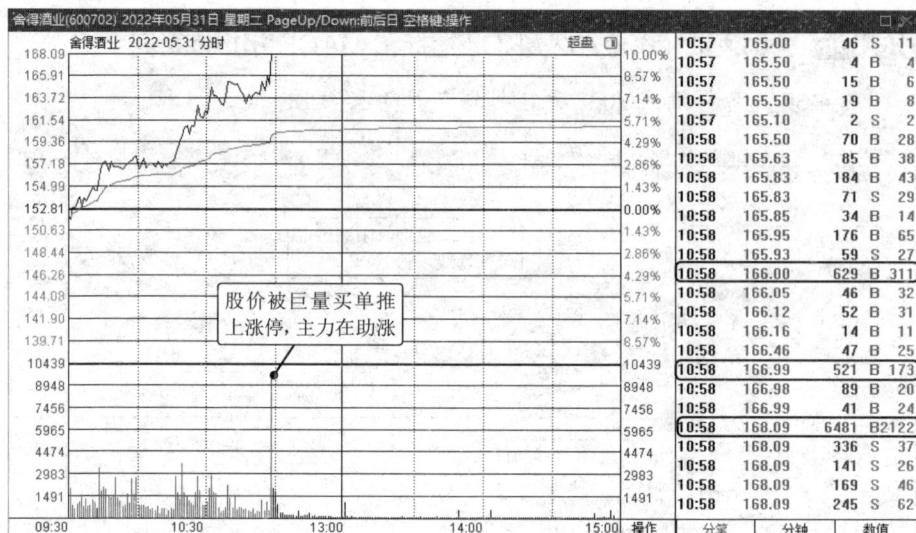

图 4-39　舍得酒业 2022 年 5 月 31 日的分时图

　　该股在开盘后就形成了积极上涨，临近 11:00 时，盘中突然挂出三个巨大的紫色买单，一举将股价直线推上涨停板，并封板直至收盘。很显然，这是主力注资推涨的表现，结合 K 线图中的位置来看，下一波拉升即将开启，KDJ 指标和 MACD 指标都已经转势向上发出积极信号，谨慎型投资者此时也可以迅速跟进建仓。

第 5 章

MACD指标背离综合实战

　　在实战中，股价的走势和技术指标的运行可能并不会如理论那般理想，有时候可能会产生一些意想不到的情况，需要投资者灵活应对。本章选取两只股票的牛熊两段走势，向投资者展示实战中的MACD指标背离分析是怎样的。

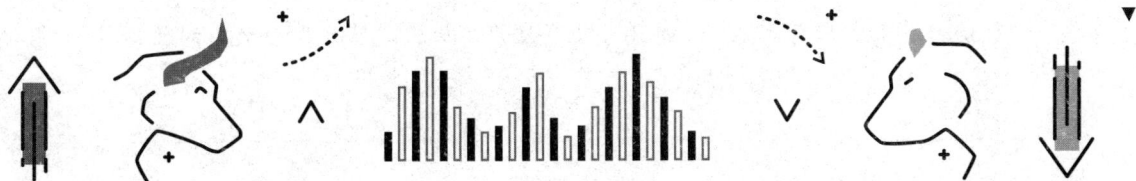

5.1 黄河旋风：牛市中 MACD 背离

在牛市中，投资者获利的机会和操作成功率都是相对较高的，但要想扩大收益空间，降低买入成本的同时避免高位被套，就需要利用一些技术分析手段，比如 MACD 指标的背离及与其他信号的背离共振来帮助确定买卖点。

前面的章节针对这些理论内容进行了详细讲解，本章则是为了让投资者更好地感受实战操作而设置的综合章节。下面就以黄河旋风（600172）的一段牛市行情为例，向投资者展示在实战中的 MACD 指标背离情形，以及各种背离共振信号的应用。

5.1.1 背离形态定位上涨起始点

在牛市行情启航之前，投资者是完全有机会利用 MACD 指标的背离及其他共振信号提前抓住起涨点的，尤其是对于中长线投资者来说，一个牛市起涨点往往意味着巨大的收益。

一般来说，股价止跌企稳后转势向上之前，MACD 指标可能会形成底背离，甚至还会与 KDJ 指标产生底背离共振。不过这也不是绝对的，投资者只要学会将前期理论应用到实战中，总会找到一些蛛丝马迹。

下面直接来看解析。

实例分析 利用背离抓起涨点

图 5-1 为黄河旋风 2020 年 12 月到 2021 年 4 月的 K 线图。

从图 5-1 中可以看到，黄河旋风在 2020 年 12 月到 2021 年 1 月还处于下跌之中，K 线在中长期均线的压制下多次反弹波动下移，低点一次比一次低。在这种情况下，MACD 指标和 KDJ 指标就有机会在市场多方的反向推动下形成底背离，投资者要注意观察。

视线来到下方的副图指标窗口中，在 2020 年 12 月底到 2021 年 1 月初这段时间内，MACD 指标和 KDJ 指标的低点或多或少有一定程度的上移，与股价形成了底背离共振。不过由于上移幅度不大，底背离所释放出的反转信号并不算强烈，投资者先不要着急介入。

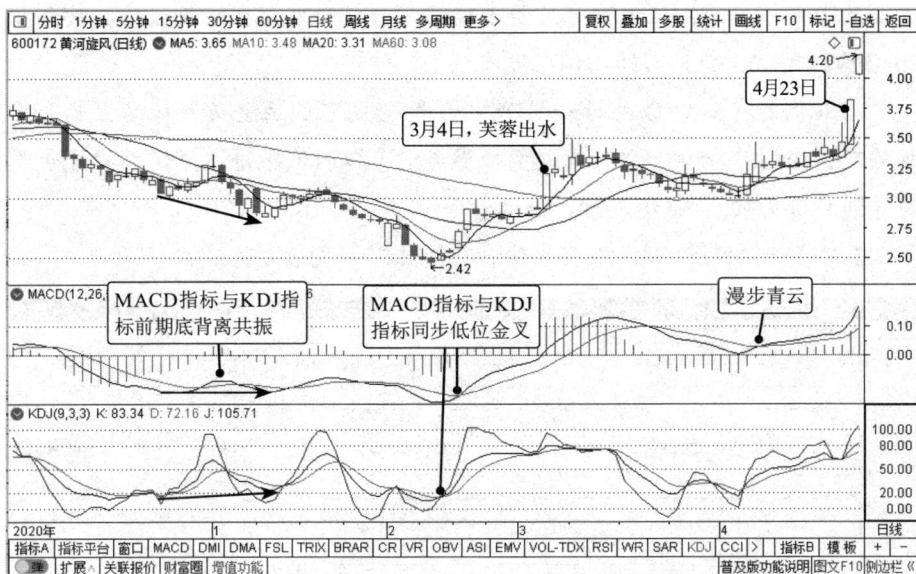

图 5-1　黄河旋风 2020 年 12 月到 2021 年 4 月的 K 线图

果然，在接下来半个月内，股价没有立即实现突破，而是在 20 日均线上受阻后继续下跌到 2.50 元价位线附近，低点仍在下移。MACD 指标和 KDJ 指标的低点也因为股价跌幅较大而下移，底背离被破坏，反转信号也失真。

这时投资者可能就不知道该怎么办了，因为这种情况与理论所说的不一样，那么在背离信号不明的情况下，自己要如何抓到最低点呢？

其实投资者在认知上就需要转变，理论与实际的差距是很大的，并不是每一个理论形态出现后，股价都会按照预测的轨道运行，否则股市投资盈利岂不是手到擒来？这显然是不可能的。

而且如果投资者每次操作都一味追求买在最低卖在最高，那么有很大概率盈利不成反被套。所以，在实战中，投资者需要暂缓着急低位建仓的心理，仔细搜寻盘中的其他信息，耐心等待反转的到来。

既然 MACD 指标线信号失真，那就来看柱状线的表现。不难看出，MACD 绿柱自从 2020 年 12 月中旬之后就在不断缩减，即便是在 2021 年 2 月初股价下跌幅度有些大的情况下，柱状线也没有向下拉伸超过前期低点，可见背离依旧存在，反转可能在不久之后到来。

在 2.42 元的位置触底的次日，股价就开始收阳向上了，看似与前期的小幅反弹并无不同，但投资者只要多观察几日就会发现，K 线成功突破到了20 日均线之上，并且后续回调也没有跌破。

与此同时，MACD 指标和 KDJ 指标都形成了低位金叉并持续上扬，更加确定反转的可能性。这时激进型投资者就可以尝试跟进，谨慎型投资者最好等到股价突破 60 日均线时再跟进。

3 月 4 日，股价突破 60 日均线，当日走势如图 5-2 所示。

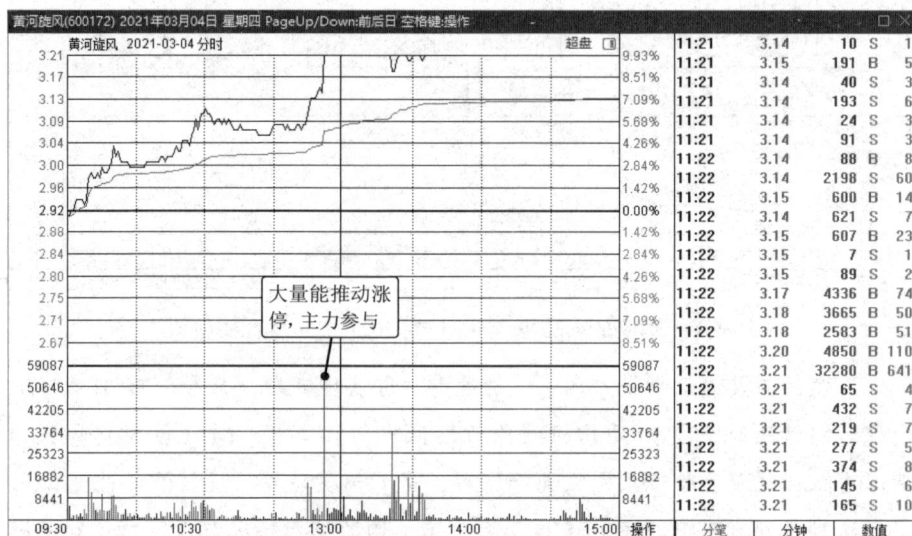

图 5-2　黄河旋风 2021 年 3 月 4 日的分时图

股价在 3 月 4 日开盘后就在震荡上涨，其间几乎没有受到过太大阻碍，在临近早间收盘时还被一波大量能直接推上了涨停板。从右侧的分笔交易数据窗口中可以看到，11:22 盘中挂出的大笔买单显然是主力所为，目的就是推动股价彻底突破压力线，同时通知市场注资共同拉升。

回到 K 线图中观察，当日收出的大阳线自下而上突破了三条均线，形成的是被称作"芙蓉出水"的突破看涨形态。反应快的投资者可能在当日拉升过程中就介入了，没来得及买进的投资者则可以抓住后市回调时机低位跟进。

3 月初，股价在 3.50 元价位线上受阻后小幅回落，持续下跌到 60 日均线上得到支撑，并于 4 月初重拾升势。在这一回落后上涨的阶段中，MACD 指标线在零轴附近形成了一个漫步青云的形态，更加证实后市涨势的积极，投资者的加仓时机来临。

4 月 23 日，K 线再收大阳线，预示着下一波拉升临近，当日的分时走势如图 5-3 所示。

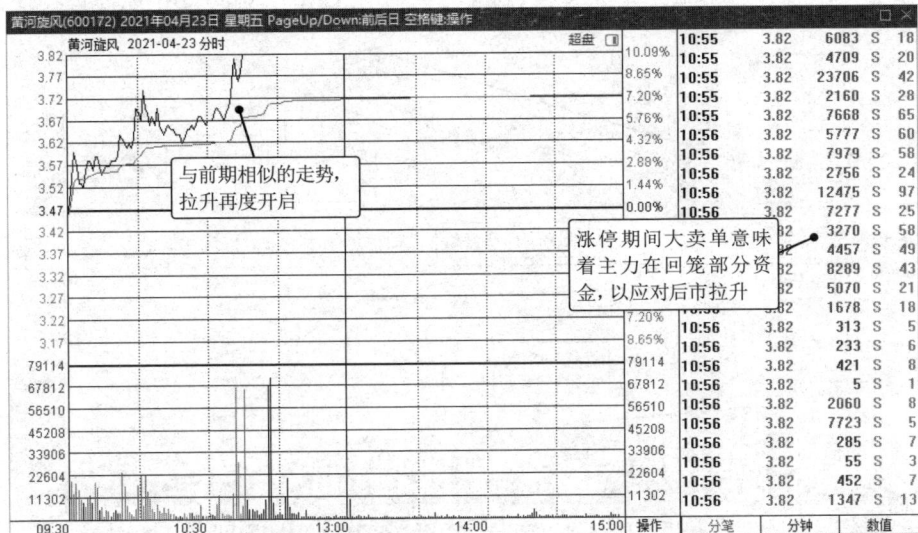

图 5-3　黄河旋风 2021 年 4 月 23 日的分时图

从图 5-3 中可以看到，该股在 4 月 23 日的分时走势与 3 月 4 日的十分相似，都是开盘后震荡拉升，盘中被大量能推到涨停板上封住。

不过二者有一个很大的区别，那就是 4 月 23 日股价涨停后，临近 11:00 盘中出现了大量卖单，好在没有打破涨停走势。这可能是主力在回笼部分资金，预备后市更强势的拉升，投资者可继续持有，有能力的投资者甚至可以继续加仓。

5.1.2　上涨期间需注意回调信号

在上涨期间，面对一些幅度不大的回调，中长线投资者其实是可以忽略的，但短线投资者还是有必要及时出局，将前期收益兑现。

利用 MACD 指标的背离及共振信号抓住回调高点的理论知识在前面章节中有过详细解析，下面将其应用到黄河旋风的这段牛市行情中，看看会产生什么样的变化。

实例分析 背离形态预示回调来临

图5-4为黄河旋风2021年4月到8月的K线图。

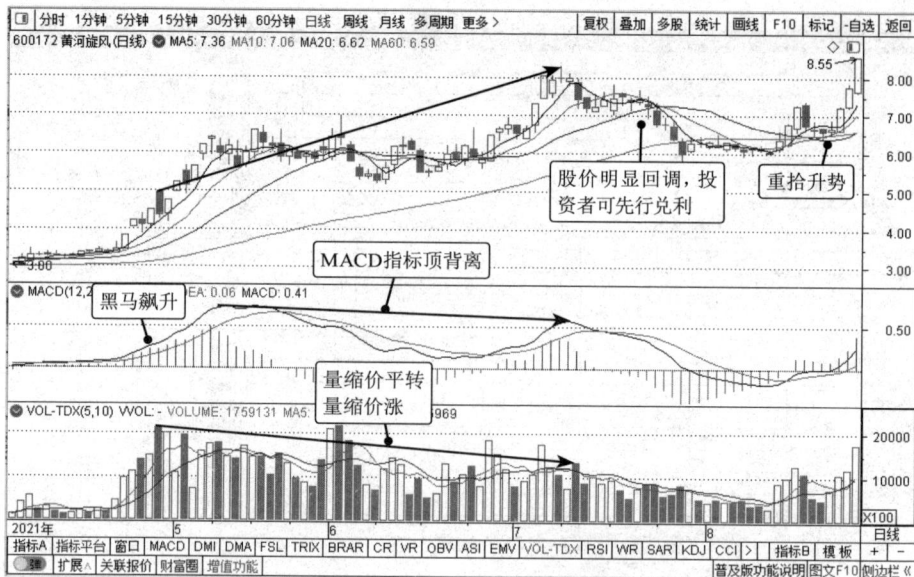

图5-4 黄河旋风2021年4月到8月的K线图

从图5-4中可以看到，该股在2021年5月初已经上涨到了6.00元价位线上方，相较于之前起涨处的2.50元来说已经实现了翻倍，可见牛市为投资者带来的收益有多大。

股价在横盘震荡期间还试图向上突破7.00元价位线，然而没有成功，而是围绕20日均线反复震荡。在此期间，MACD指标形成一个高位死叉后缓慢下行，不过没有跌到零轴以下。但成交量却出现了比较明显的量缩价平背离，说明市场大多持观望态度，投资者也可以继续观望。

6月底，K线开始收阳拉升，不久之后就成功突破了前期压力线，并在7月初创出新高。然而MACD指标在同一时期形成的高点却有明显下移，与股价形成了顶背离。成交量放量的幅度也不及前期，量缩价平转为量缩价涨，背离共振传递出股价可能即将大幅回调的信号。

这时，短期投资者就可以先行离场，将前期收益落袋为安后观望。中长期投资者则不用着急，先持股观望一段时间再说，风险承受能力较低的投资者可以适当减仓，降低风险。

几乎整个 7 月，股价都在回调下跌，但在小幅跌破 60 日均线后就得到支撑低位走平了，后续甚至还连续收阳向上突破。可见此次回调幅度也不算大，股价未来还有拉升潜力，短期投资者可重新建仓，中长期投资者继续持有即可，有能力的投资者还可以加仓。

5.1.3　上涨高位注意背离反转

牛市行情再好也是有尽头的，而且反转位置越高，投资者需要承担的风险就越大，因此，制定操作策略时也需要越发谨慎，不能长期惜售。

下面就来看一下黄河旋风的牛市即将结束之前，MACD 指标和其他指标会产生哪些背离预警形态。

实例分析 反转前夕的 MACD 背离形态

图 5-5 为黄河旋风 2021 年 8 月到 2022 年 1 月的 K 线图。

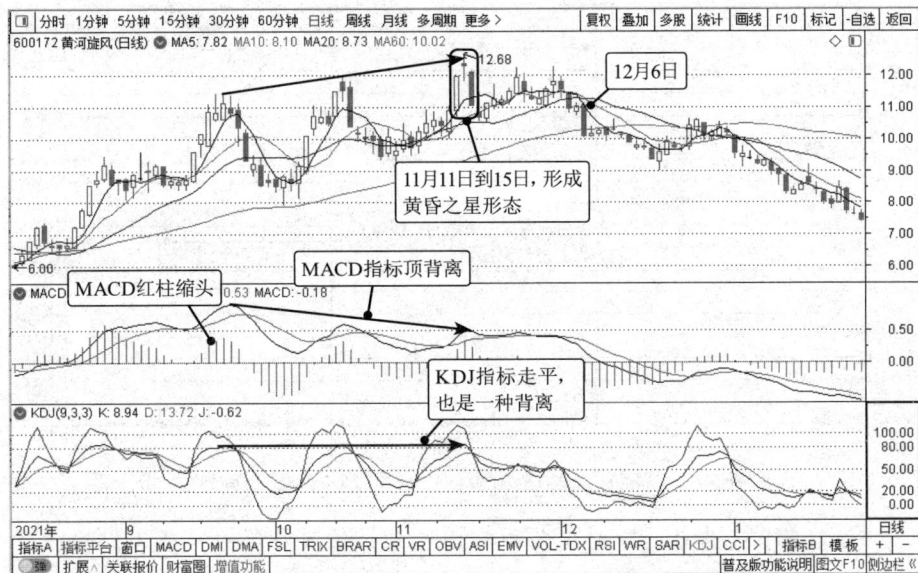

图 5-5　黄河旋风 2021 年 8 月到 2022 年 1 月的 K 线图

2021 年 8 月底，黄河旋风的股价上涨到 9.00 元价位线附近，在此横盘一段时间后继续拉升。后续的两个月时间内，股价在 60 日均线的支撑下大幅震荡向上，形成了上山爬坡的持续性看涨形态，其间高点持续上移，不过上移幅度不大。

同一时期的 MACD 指标表现却不尽如人意，在股价波动上涨的过程中，MACD 指标的高点明显下移，而且 MACD 红柱也在持续缩减，顶背离出现。KDJ 指标的高点虽然没有明显下移，但走平的情况也是一种背离。双指标的背离共振说明股价有可能即将面临大幅回调甚至行情转势，投资者要注意观察场内是否有其他反转信号出现，随时准备抛售出局。

11 月 11 日到 15 日正是股价第三次创出新高前后的交易日，三根 K 线中第一根阳线和最后一根阴线的实体都很大，并且高度相近，中间的小 K 线则实体向上跳空，与前后两根 K 线组合形成了"黄昏之星"形态。

这是一种非常典型且比较有效的反转 K 线形态，其分时走势中也包含一些预示信号，如图 5-6 所示。

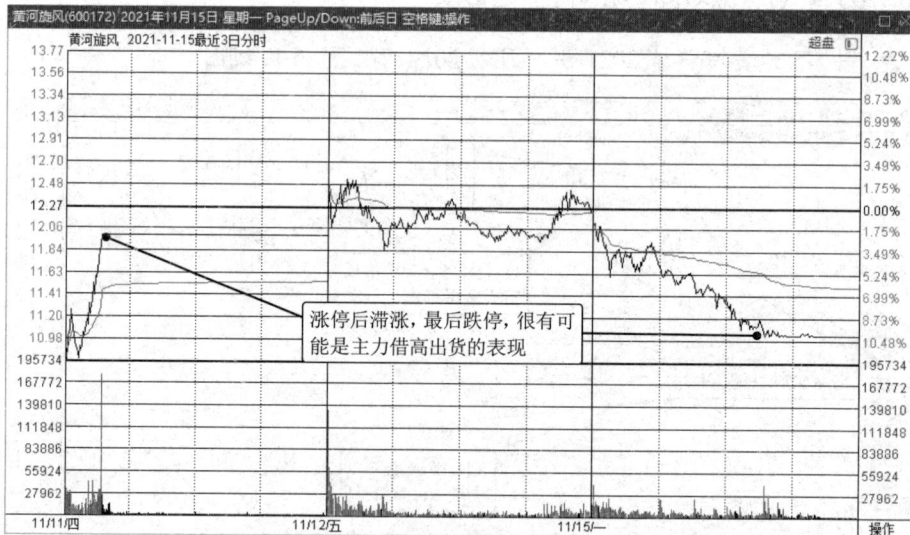

图 5-6　黄河旋风 2021 年 11 月 11 日到 15 日的分时图

从这三个交易日的分时走势中可以看到，该股在第一天是以涨停收阳的，并且盘中主力大量注资推涨的痕迹非常明显。第二天则是以高价开盘后持续横向震荡。第三天就开始下跌，盘中量能平均活跃度高于前日，最终跌停收出大阴线，有可能是主力分批出货所致。

多个预警信号同时形成，就是在催促投资者及时止盈卖出，无论后市是大幅回调还是行情反转，投资者都最好先行兑利出局，即便未来还有上涨机会，也可以重新买进。

黄昏之星出现后，股价在 12.00 元价位线下方震荡了半个月左右，最终还是突破失败，于 12 月 6 日收出大阴线跌破 60 日均线，当日分时走势如图 5-7 所示。

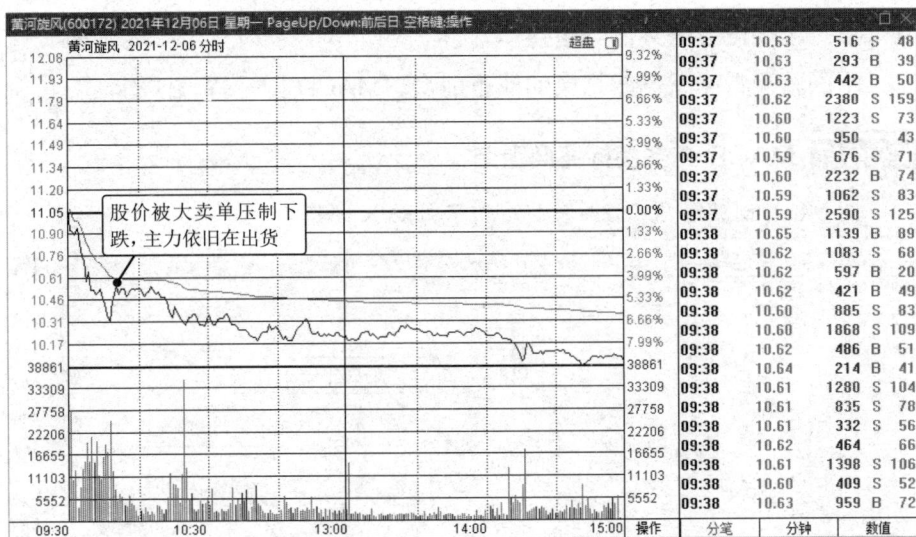

图 5-7　黄河旋风 2021 年 12 月 6 日的分时图

当日股价开盘后就在持续下跌，虽然后期跌速有所减缓，但在大批卖单的压制下，股价依旧在稳步下行，最终以极低的价格收盘。显然，主力正在分批不断散出筹码，再加上 K 线跌破关键支撑线的走势，即便是惜售型投资者也不能再停留了。

5.2　创业慧康：熊市中 MACD 背离

熊市应当是大部分投资者需要避开的阶段，但其中并非没有获利机会，而且一些高位被套的投资者也需要利用其中的反弹来解套减损，因此，投资者还是有必要学习其中的买卖技巧。

本节以创业慧康（300451）的一段熊市行情为例，展示在下跌行情中如何借助 MACD 指标背离形态及其他指标的背离共振来抓住买卖时机，从而达到止损或盈利的目的。

5.2.1　下跌前夕的 MACD 背离

在行情彻底转入下跌之前，投资者是有机会利用 MACD 指标的背离形态及共振信号提前止盈卖出的，比如顶背离、高位三离三靠、柱状线缩头等形态，投资者需具体问题具体分析。

下面就来看一下创业慧康的熊市前夕，MACD 指标有怎样的表现。

实例分析 MACD 与多指标背离看空

图 5-8 为创业慧康 2023 年 1 月到 7 月的 K 线图。

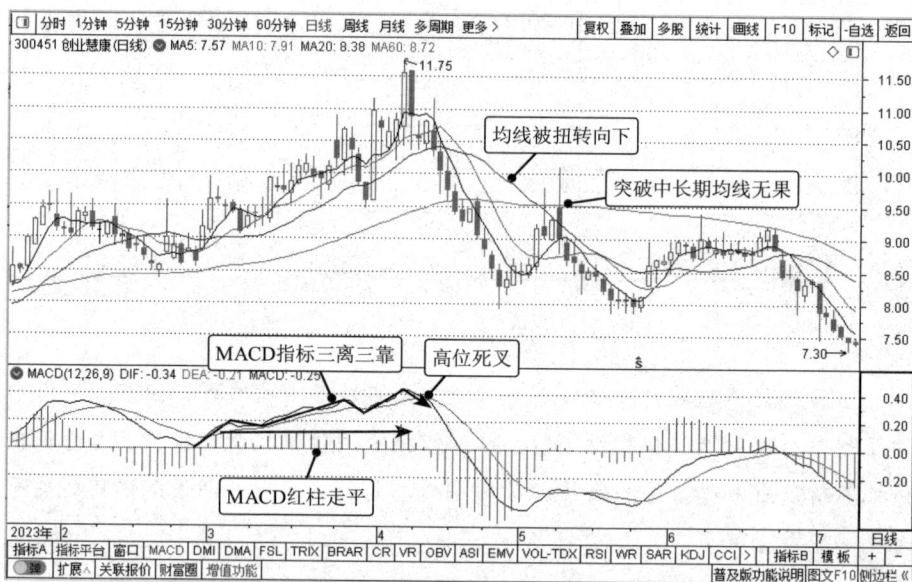

图 5-8　创业慧康 2023 年 1 月到 7 月的 K 线图

在 2023 年 4 月之前，创业慧康的股价涨势还是十分积极的，K 线在中长期均线的支撑下波动上行，很快便来到 11.50 元价位线之上。在此期间，MACD 指标也跟随深入多头市场，但受到股价波动的影响，DIF 始终无法大幅向上远离 DEA，使得 MACD 红柱长期走平，与上涨的股价形成背离。

再看指标线，两条指标线随着股价的波动而震荡，DIF 在 DEA 上方形成了三离三靠的形态，并且在第三靠时明显跌破 DEA。二者结合来看，股价未来很有可能进入深度回调之中。

除了 MACD 指标之外，成交量和 KDJ 指标也有相应的背离共振形态出现，如图 5-9 所示。

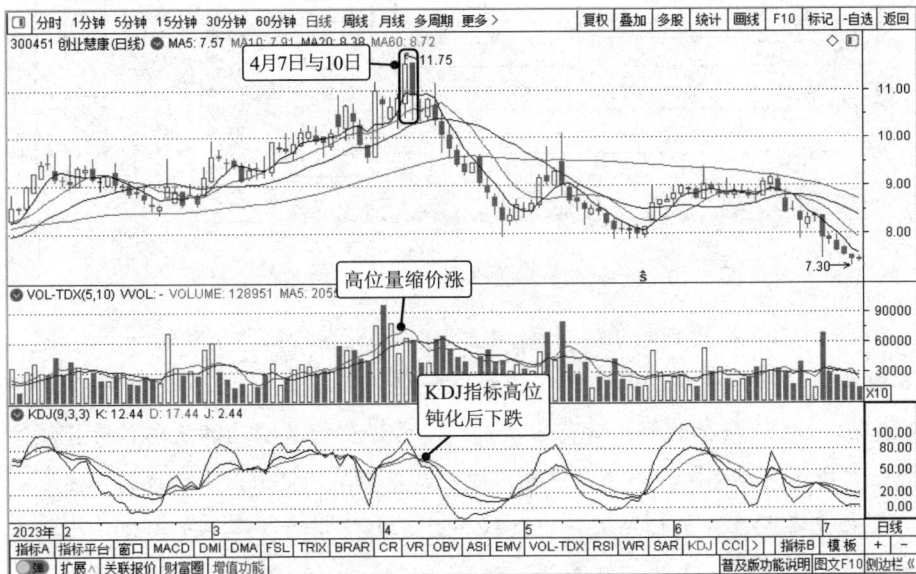

图 5-9　创业慧康 K 线图中的成交量与 KDJ 指标

先来看成交量，量能在 4 月之前其实都在配合放大，但就在一次大幅拉升回调之后，成交量就开始逐步缩减，形成高位量缩价涨的背离。这说明主力很可能已经在前期大放量的过程中部分出货，后续也没有继续追加资金，后市上涨情况堪忧。

KDJ 指标则是在股价稳定上涨的过程中形成了高位钝化，也就是和 MACD 指标高位钝化相似的情况。而随着股价的转势下跌，KDJ 指标脱离钝化向下滑落，与 MACD 指标的走势契合，形成明确的卖出信号。

而且在股价创新高的两个交易日中，股价线也构筑出一个反转形态，如图 5-10 所示。

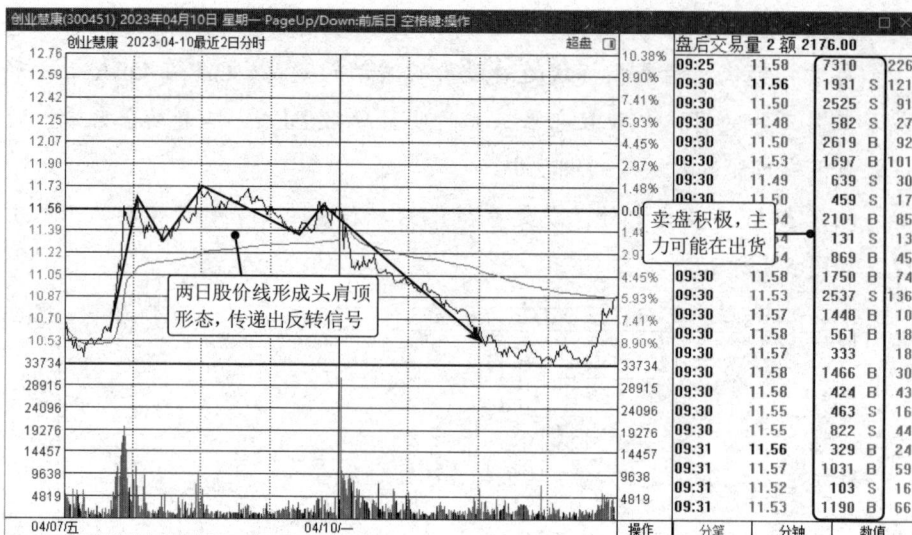

图 5-10　创业慧康 2023 年 4 月 7 日到 10 日的分时图

4 月 7 日是股价创新高的当日，4 月 10 日则是其后收阴下跌的一个交易日。从图 5-10 中可以看到，两日的股价线组合起来形成了一个头肩顶形态，这种形态在 MACD 指标的隔山背离中讲到过，传递出的是明确的反转信号，放到分时图中也同样适用。而且盘中也出现了大量卖单，主力出货的痕迹明显。

如此多或是提前预警或是在反转当时发出信号的看跌形态出现，已经充分证明了后市股价走势不容乐观。谨慎型投资者在预警信号形成后就应当卖出，惜售型投资者在发现股价确实发生反转后，也要及时止损出局。

5.2.2　MACD 背离预示大幅反弹起止

熊市中的大幅反弹是投资者借高止损或盈利的大好时机，不过由于大部分时候投资者无法准确分辨反弹的高度和持续时间，在建仓时就不能过于轻率，而是要采用分批建仓，轻仓入场的方式进行。

除此之外，及时在反弹高点卖出也是很重要的，MACD 指标的背离走势及其他指标的背离共振将起到关键作用。

实例分析　大幅反弹前后的背离情形

图 5-11 为创业慧康 2023 年 7 月到 10 月的 K 线图。

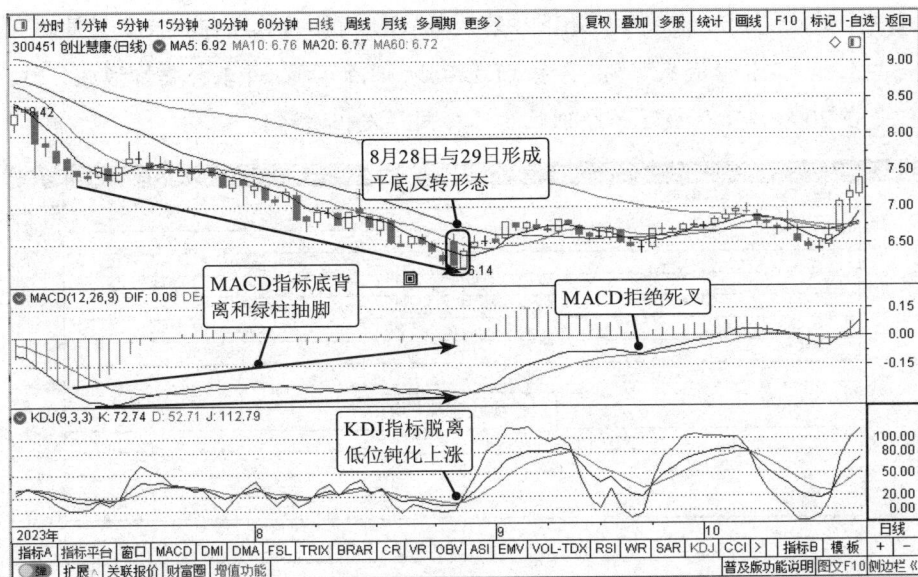

图 5-11　创业慧康 2023 年 7 月到 10 月的 K 线图

2023 年 7 月，创业慧康的股价已经下跌到 7.50 元价位线附近，在此短暂止跌后小幅反弹数日，随后继续下跌，低点持续下移。

在此阶段内，MACD 指标线早已运行到零轴下方，不过随着股价稳定下跌的走势，MACD 指标线形成了低位钝化。与此同时，KDJ 指标也受其影响形成低位钝化，双指标当前信号都有所失真，投资者不可轻举妄动。

不过除了指标线之外，MACD 指标还有一个柱状线可供分析。在股价下跌的过程中，MACD 绿柱有明显的抽脚，尽管是指标线钝化导致的，但依旧能与股价形成看涨背离，投资者可对该股保持关注，持币准备，看后续是否有反转可能。

8 月 28 日与 29 日，该股收出前阴后阳两根 K 线，并且两日的最低价分别是 6.14 元和 6.15 元，十分相近，是一种被称作"平底"的反转形态，两日的分时走势如图 5-12 所示。

该股这两个交易日的走势可谓大相径庭，前一日还在均价线的压制下持续下跌，后一日就得到量能支撑突破到均价线上方，并一路震荡上行，以较高的价格收盘，可见市场多方正在发力推涨。

而随着平底形态的出现，股价、MACD 指标和 KDJ 指标都相继形成了又一个低点。股价低点自然是下移的，MACD指标的低点却相较于7月的有一些上移，二者形成底背离。再看KDJ指标，低点下移，并未与股价形成背离，但是在20线以下形成了一个低位金叉，同样发出看涨信号。

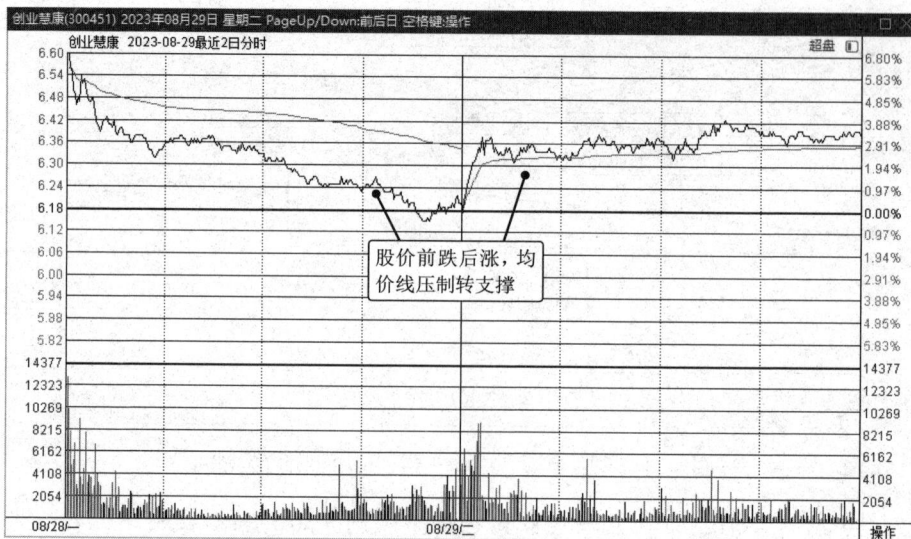

图5-12　创业慧康2023年8月28日到29日的分时图

多指标、多形态都在传递着股价可能即将转入反弹的信号，激进型投资者此时就可以尝试着轻仓买进，被套的投资者也要注意观察后续走势。

数日之后，股价成功向上越过20日均线的压制。在上方横盘震荡期间，MACD指标还在零轴以下形成过拒绝死叉形态，说明下方有支撑力，股价短时间内不会回归下跌。10月下旬，股价形成再度的拉升，成功突破到60日均线之上，强势反弹成型，投资者可继续加仓。

继续来看反弹即将见顶时，MACD指标及各指标的背离状态。

图5-13为创业慧康2023年9月到12月的K线图。

从图5-13中可以看到，该股自从突破60日均线的压制后就在积极上涨，半个月左右就冲到了接近8.00元价位线的位置，短期涨幅还是十分可观的。在拉升过程中，MACD指标线形成过漫步青云和黑马飙升形态，说明其涨势积极。

不过在上涨到最高7.96元后，股价就开始横向滞涨，其间DIF逐步走平并靠近依旧上行的DEA，使得MACD红柱明显缩头，与横盘的股价形成背离，投资者要注意及时止盈卖出或解套止损。而 KDJ 指标则在高位形成了钝化，暂不具备太高参考价值。

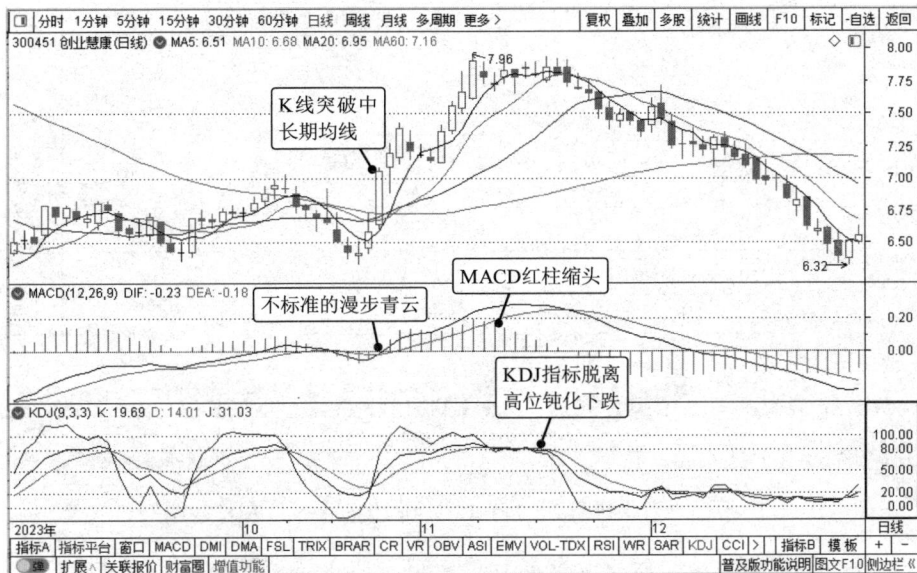

图 5-13　创业慧康 2023 年 9 月到 12 月的 K 线图

11 月中旬，K 线收阴逐步下行并很快跌破 20 日均线。KDJ 指标率先脱离高位钝化向下运行，MACD 指标则在后续形成高位死叉后跟随下跌，释放出了明确的卖出信号，说明反弹结束，投资者要及时撤离。

5.2.3　背离后小幅反弹不破均线

多数在熊市中形成的反弹其实都很难突破中长期均线的压制，虽然本身仍旧具有投资价值，但风险较高，回报不匹配，这里不建议风险承受能力较低的投资者参与。

不过由于这种情况在实战中并不少见，这里还是以创业慧康下一阶段的反弹为例，讲解 MACD 指标的背离辅助作用。

实例分析 非强势背离预示非强势反弹

图 5-14 为创业慧康 2023 年 12 月到 2024 年 5 月的 K 线图。

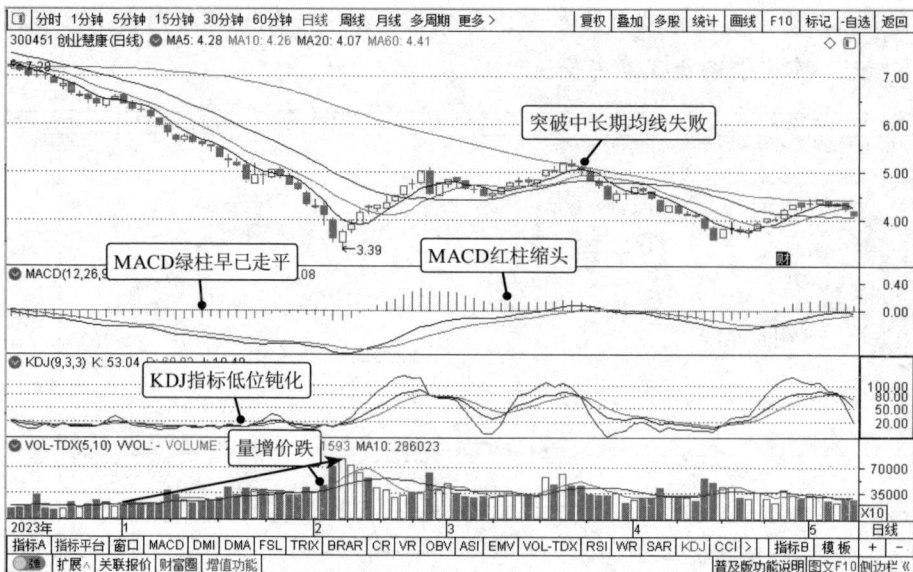

图 5-14　创业慧康 2023 年 12 月到 2024 年 5 月的 K 线图

　　进入 2024 年后，创业慧康的股价出现了下山滑坡的持续看跌走势，其间均线组合形成空头排列压制股价下行，使其根本没有反弹空间。不过在下跌的过程中，成交量明显与之形成量增价跌的背离，MACD 绿柱也呈现走平态势，说明其中很有可能有主力压价吸筹的行为，投资者可保持关注。

　　2 月初，股价见底后迅速回升，短短两周后就成功突破 20 日均线，并带动 MACD 指标和 KDJ 指标在低位形成金叉。不过成交量却没有同步配合放量，这波反弹大概率难以持续。

　　果然，该股在第一波拉升结束后，MACD 红柱就开始缩头了。临近 60 日均线时 K 线更是直接收阴下跌，MACD 指标线回归零轴下方，开启了下一波下跌，前期入场的投资者需要及时卖出止损。

　　至此，本书关于 MACD 指标的背离形态及其实战用法就介绍完毕了。需要注意的是，理论知识与实战有不小的差别，投资者在应用时不可死板按照理论进行操作，而是要具体问题具体分析。最后，希望投资者都能在本书中学到想要的知识，提升自己的炒股技能。